CHAMBRE DE COMMERCE DE LYON

NOTICE

DU

VERT DE CHINE

ET DE LA TEINTURE EN VERT

CHEZ LES CHINOIS

PAR M. NATALIS RONDOT

Ancien délégué commercial attaché à l'ambassade en Chine
Président de classe au Jury international de l'Exposition universelle de 1855

SUIVIE

D'UNE ÉTUDE DES PROPRIÉTÉS CHIMIQUES ET TINCTORIALES

DU LO-KAO

PAR M. J. PERSOZ

Professeur au Conservatoire impérial des Arts et Métiers
Directeur de la Condition publique des soies

ET DE RECHERCHES SUR LA MATIÈRE COLORANTE DES NERPRUNS INDIGÈNES

PAR M. A.-F. MICHEL

Membre de la Chambre de commerce de Lyon

IMPRIMÉ PAR ORDRE DE LA CHAMBRE

365

PARIS

TYPOGRAPHIE DE CH. LAHURE ET Cⁱᵉ

IMPRIMEURS DU SÉNAT ET DE LA COUR DE CASSATION

RUE DE VAUGIRARD, 9

1858

LE

VERT DE CHINE

ET LA TEINTURE EN VERT

CHEZ LES CHINOIS

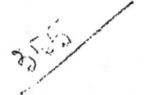

CHAMBRE DE COMMERCE DE LYON

NOTICE

DU

VERT DE CHINE

ET DE LA TEINTURE EN VERT

CHEZ LES CHINOIS

PAR M. NATALIS RONDOT

Ancien délégué commercial attaché à l'ambassade en Chine
Président de classe au Jury international de l'Exposition universelle de 1855

SUIVIE

D'UNE ÉTUDE DES PROPRIÉTÉS CHIMIQUES ET TINCTORIALES

DU LO-KAO

PAR M. J. PERSOZ

Professeur au Conservatoire impérial des Arts et Métiers
Directeur de la Condition publique des soies

ET DE RECHERCHES SUR LA MATIÈRE COLORANTE DES NERPRUNS INDIGÈNES

PAR M. A.-F. MICHEL

Membre de la Chambre de commerce de Lyon

IMPRIMÉ PAR ORDRE DE LA CHAMBRE

PARIS

TYPOGRAPHIE DE CH. LAHURE ET Cie

IMPRIMEURS DU SÉNAT ET DE LA COUR DE CASSATION

RUE DE VAUGIRARD, 9

1858

DIVISIONS PRINCIPALES.

I.

NOTICE DU VERT DE CHINE ET DE LA TEINTURE EN VERT
CHEZ LES CHINOIS ; PAR M. NATALIS RONDOT.
(Mars-juin 1857.)

II.

ÉTUDE DES PROPRIÉTÉS CHIMIQUES ET TINCTORIALES
DU VERT DE CHINE; PAR M. J. PERSOZ.
(Juin 1857.)

III.

RECHERCHES SUR LA MATIÈRE COLORANTE DES NERPRUNS
INDIGÈNES; PAR M. A. F. MICHEL.
(Décembre 1857.)

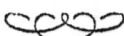

EXTRAIT DES REGISTRES

DES DÉLIBÉRATIONS

DE LA CHAMBRE DE COMMERCE DE LYON.

Séance du 10 avril 1857.

Sont présents :

M. BROSSET aîné, président ;

MM. FAURE (Bruno),   MM. MONTERRAD (Amédée),
FOUGASSE aîné,   GIRODON aîné,
GALLINE (Oscar),   BRISSON aîné,
MICHEL (Antoine),   ARLÈS-DUFOUR (F.),
Et M. JAME (Hippolyte), secrétaire.

M. Natalis RONDOT, délégué de la Chambre de commerce de Lyon à Paris, a adressé à la Chambre une lettre, datée du 18 mars 1857, dans laquelle il a consigné tous les faits qu'il a pu recueillir sur le *Vert de Chine* et sur d'autres matières auxquelles on attribue la même propriété tinctoriale.

La Chambre écoute avec un vif intérêt la lecture de cette lettre, qui se rapporte à une question, objet de ses études particulières et de ses préoccupations constantes.

La lecture de cette lettre achevée, la Chambre s'empresse d'en voter l'impression.

Les frais d'impression de cette lettre seront, comme ceux du concours pour la recherche du *Vert de Chine*, prélevés sur le crédit ouvert au budget de la Condition des soies de 1857, sous ce titre : *Encouragements à l'industrie.*

La présente délibération sera soumise à l'approbation de M. le Sénateur chargé de l'administration du département du Rhône.

Pour extrait conforme :

Le secrétaire membre de la Chambre,

Hipp. Jame.

La Chambre de commerce a voté, en juillet et en décembre 1857, l'impression du mémoire de M. Persoz sur les propriétés du *Vert de Chine*, et de la note de M. Michel sur la matière colorante des Nerpruns indigènes.

NOTICE

DU VERT DE CHINE

ET DE LA TEINTURE EN VERT

CHEZ LES CHINOIS

PAR

M. NATALIS RONDOT

AVANT-PROPOS.

J'ai reçu de Chang-haï, depuis l'année 1853, différents renseignements sur le *Vert de Chine*; ces données sont en quelque sorte le complément des notices qui ont été envoyées de Chine par le rév. père Louis Hélot et le rév. M. Joseph Edkins. La Chambre de commerce de Lyon ayant décidé, sur la proposition de M. A.-F. Michel, un de ses membres, d'ouvrir un concours pour la recherche du *Vert de Chine* dans les végétaux indigènes et exotiques, il devenait nécessaire de joindre certaines explications aux documents déjà publiés, et de faire connaître au public les faits qui se rapportent à la teinture en vert chez les Chinois. J'ai réuni mes notes dans ce but, et je les ai adressées à la Chambre de commerce. La lettre qui les contient est du 18 mars 1857; la Chambre en a entendu la lecture dans sa séance du 10 avril, et elle m'a fait l'honneur d'en ordonner l'impression.

Depuis cette époque, j'ai fait des recherches plus étendues, et j'ai obtenu, sur des points jusqu'alors obscurs, des éclaircissements qui sont utiles à plus d'un titre. M. J. Decaisne, de l'Académie des sciences, a bien voulu se charger de décrire les deux espèces de nerprun.

J'ai été amené ainsi à modifier la notice que j'avais présentée à la Chambre de commerce, et la Chambre a accepté ce nouveau travail le 24 juillet.

Cette publication est la troisième qui soit faite par l'ordre et les soins de la Chambre de commerce de Lyon.

La première, épuisée aujourd'hui, renferme le rapport de M. Michel, dans lequel sont exposés et discutés, avec clarté et précision, les résultats des essais accomplis par MM. Ch. Benner, Dupéray, et autres. Nul parmi les chimistes, les teinturiers et les imprimeurs, qui ont rendu compte à la Chambre de leurs expériences, n'a été plus persévérant et plus heureux dans ses travaux que M. Michel; il a consigné dans son rapport ses propres observations et les procédés de dissolution et de teinture qu'il a découverts.

La seconde publication se compose de plusieurs documents, dont le plus intéressant est le mémoire du rév. père Hélot, et qui sont précédés d'un nouveau rapport de M. Michel. Celui-ci a entrepris, depuis janvier 1857, avec l'habileté et l'exactitude intelligente qu'on lui connaît, des recherches sur la matière colorante des Nerpruns indigènes. Ces recherches ont amené, avec la découverte du *lo-kao*, la découverte plus importante d'une action particulière et très-remarquable de la lumière sur certains sucs végétaux.

On regrettait que le P. Hélot fût arrivé à A-zé, quand les ateliers chômaient, et qu'il eût dû s'en rapporter au témoignage des ouvriers, car « les ouvriers d'ici ne disent pas leurs secrets, » comme l'écrivait de Pé-king, en 1784, le P. Bourgeois; et cela est encore vrai de nos jours. Mais, en 1857, dans un second voyage fait à A-zé, après les fêtes de Pâques, le zélé missionnaire a vu pratiquer les procédés singuliers qu'il avait fait connaître, et il atteste, dans une lettre que l'on trouvera plus loin, la vérité de ses premières descriptions. On tenait déjà en haute estime le mémoire du P. Hélot, la certitude de son exactitude lui donne encore plus de prix; il rappelle ces notices, tant de fois citées, par lesquelles ont été si utiles et sont devenus célèbres nos anciens missionnaires, les PP. Gaubil, d'Incarville, d'Entrecolles, Amiot, Cibot, Collas, etc. L'initiative éclairée que le Conseil central de l'OEuvre de la Propagation de la foi a prise dans cette circonstance, donne l'espoir que la science et l'industrie devront bientôt à nos missions en Chine des conquêtes et des services nouveaux.

On remarquera dans le cours de mes notes que M. C. de MONTIGNY, consul de France à Chang-haï, et M. D. RÉMI, de cette même ville, ont pris une part active aux recherches. La découverte des deux espèces de nerprun appartient à M. de Montigny. Notre chargé d'affaires à Siam et en Cochinchine a fait bien d'autres présents à l'agriculture : elle a reçu de lui l'yak, l'igname, le riz sec, le sorgho, etc.; grâce à son influence et à ses efforts intelligents, Lyon a obtenu, dès 1852, des consignations directes et importantes de soies de Chine; je connais assez l'énergie, le dévouement et l'ardeur patriotique de mon ancien collègue dans la Mission en Chine, pour être assuré qu'il fera plus encore que ce qu'il a fait. M. Rémi est le chef d'une honorable maison de commerce française à Chang-haï; il a poursuivi avec zèle, de concert avec M. Édan, successeur intérimaire de M. de Montigny, les investigations commencées par ce dernier, et m'a donné un grand nombre d'indications utiles.

Il était nécessaire de connaître ce que les livres chinois rapportent du *Lo-kao*. Un seul homme, en Europe, pouvait faire une pareille recherche dans ces encyclopédies précieuses de la Chine et du Japon, dont la lecture offre à la fois un intérêt si grand et tant de difficultés; ce travail a été un jeu pour l'illustre traducteur des mémoires de Hiouen-thsang : mais M. Stanislas JULIEN, de l'Institut, dont on ne saurait trop admirer la merveilleuse connaissance de la langue chinoise et l'ardeur aux recherches qui tendent à agrandir le domaine de la science et de l'industrie; M. Stanislas Julien, dis-je, n'a trouvé aucune trace du *Lo-kao* et des plantes dont on l'extrait, même dans les traités de botanique et d'agriculture du milieu du siècle dernier. L'application de cette laque à la teinture remonte, selon le R. M. Edkins, à vingt-cinq ans à peine; son emploi pour la peinture à l'aquarelle, s'il est moins récent, ne doit pas être bien ancien : les auteurs du *Thien-kong-khaï-wou* et de l'Encyclopédie japonaise n'auraient certainement pas passé sous silence une matière aussi curieuse.

Je dois à l'obligeance si empressée de mon ami, M. Stanislas Julien, la traduction des textes chinois, que je cite dans le cours de ma notice.

L'auteur du *Traité de l'impression des tissus*, M. J. PERSOZ, cédant à mes instances, a consenti à détacher d'un mémoire sur le *Vert de Chine*, la partie dans laquelle il expose, d'après ses expériences, les propriétés chimiques et tinctoriales de cette laque. Je n'ai pas besoin de signaler l'importance de ce travail inédit, qui a une originalité incontestable et qui éclaire d'un jour nouveau l'histoire de cette substance, d'un si grand intérêt, et sur l'origine et la nature véritables de laquelle la science conserve encore des doutes.

Juillet 1857.

PREMIÈRE PARTIE.

LE VERT DE CHINE.

I.

De la découverte du Vert de Chine.

L'histoire du *vert de Chine* est singulière.

Il n'existe aucune mention de l'existence de cette matière avant 1845 ; on se l'est procurée en Chine à cette époque, et on l'a apportée en France en 1846, mais elle est restée inconnue jusqu'en 1852 : la découverte de ses propriétés ne date que de l'année 1852. On peut assurer que l'on ne connaît pas encore complétement la nature véritable de cette très-curieuse substance, et l'on a à peine l'idée des ressources rares et variées qu'elle présente à l'art du teinturier et de l'imprimeur.

Les Délégués commerciaux attachés à l'ambassade en Chine[1] ont obtenu les premiers le *vert de Chine*, mais sans y arrêter leur attention. C'était bien le *vert de Chine*, car quelle autre couleur a une valeur, au lieu de production, de 224 francs le kilog.? Voici la mention qu'ils en font dans

---

1. MM. Aug. Haussmann, I. Hedde, Éd. Renard, Natalis Rondot.

l'*Étude pratique du commerce d'exportation de la Chine*[1], à l'article des *Substances tinctoriales végétales*, page 199 : « *Tsong-lok*[2] (en dialecte de Canton). Cette substance s'extrait des feuilles d'un arbre de ce nom : elle fournit une assez belle couleur verte, vient du Sse-tchouen, et coûte 24 piastres le catty[3]. On l'emploie pour la peinture. » Nous reçûmes cette indication et la matière elle-même de Yi-ching aîné, un des premiers fabricants de soieries de Canton, et du peintre Ting-koua.

Il est à remarquer que le prix nominal n'a pas varié depuis lors. Le catty[4], qui valait 24 piastres à Canton, en 1845, était encore payé 24 piastres à Chang-haï, en 1857 ; mais le change est bien différent : il était à 5 fr. 65 c., à Canton, en 1845, et à 9 fr. à Chang-haï, au milieu de l'année 1857.

J'ai été souvent, en 1845, dans les teintureries de Canton ; j'ai pris note, dans quatre des plus grandes, principalement dans celles de Hoa-ching, fabricant de soieries, et de Kong-tching, des procédés de teinture de la soie, du coton et du fil de l'*Urtica nivea* ; je n'ai pas vu employer le *lo-kao*, mais on me l'a signalé. Je remarque, sur mon journal de voyage, à la date du 17 août 1845, que mon linguiste A-tchun m'a apporté, avec d'autres substances tinctoriales que je lui avais donné l'ordre d'acheter, du *louk-ko*[5], pour teindre en vert, dont il porte le prix à 28 piastres le catty[6].

Les Délégués avaient dans leur collection des toiles de coton teintes en différentes nuances de vert ; aucune d'elles n'a été, de leur part, l'objet d'une mention particulière. Elles avaient

1. Cet ouvrage a été écrit à Canton de novembre 1844 à août 1845 ; M. le Ministre du commerce me chargea, en 1847, de revoir et de compléter ce travail considérable, et le publia, en mai 1848, dans les *Documents sur le commerce extérieur* (Chine, Faits commerciaux, n° 13).
2. *Tsong-lok* ou *tsong-lo*, *tsing-lo*, signifie bleu-vert.
3. 224 fr. le kilog., au change de l'époque.
4. Le catty ou *kin* est de 604 grammes 73. Cent catties font un picul ou *tan* ; seize taels ou *liang* font un catty. Voy. la note de la page 120.
5. *Lo-kao* se prononce *louk-ko* à Canton.
6. 261 fr. le kilog., au change de l'époque.

été achetées à Chang-haï[1] et à É-mouï[2]. Ces toiles ont figuré à l'exposition qui eut lieu à l'École municipale Turgot, du 21 juillet au 28 août 1846, et qui fut visitée par plus de trente mille personnes, mais ces teintures vertes ne furent pas alors remarquées. Le *lo-kao* lui-même se trouvait à cette exposition : 1° dans une boîte de couleurs, tel qu'il est préparé pour la peinture (n° 1392 du catalogue); 2° tel qu'il sert à la teinture de la soie, c'était le petit échantillon que j'avais acheté à Canton, le 17 août 1845 (n° 1066 du catalogue).

En 1848, M. de Montigny, consul à Chang-haï, adressa à M. le Ministre du commerce, en même temps que d'autres produits chinois, quarante-quatre espèces de tissus de coton et quelques matières colorantes. Les tissus de coton de la collection des Délégués et ceux de l'envoi de M. de Montigny furent répartis, en octobre 1849, entre les Chambres de commerce de Mulhouse, de Rouen et de Lille[3].

Les toiles teintes en vert étaient désignées, sur le catalogue de M. de Montigny, par le nom de *liou-saï*[4]. Le père Hélot rapporte (p. 27 et 32)[5] que ces toiles sont appelées dans le commerce *sé-lo-pou* (couleur–vert–toile), quand elles sont teintes avec les écorces; *ngheou-lo-se* (nymphœa-vert-couleur) et *ngheou-lo-pou* (nymphœa-vert–toile), c'est-à-dire toile teinte

1. Chang-haï, un des ports ouverts, en 1843, au commerce étranger, est une ville murée du département de Song-kiang-fou, province de Kiang-sou. Il est situé au confluent du Hoang-pou et du Wou-song ; le Hoang-pou se jette dans la mer, à peu de distance de Chang-haï, près de la petite ville de Wou-song et non loin de l'embouchure du Yang-tse-kiang. Chang-haï, fondé au VIIe siècle, a reçu son nom actuel vers 1074, et a été fortifié en 1552. On cultive le riz, le blé, l'orge, le sorgho, dans l'arrondissement, qui produit des cotons renommés.

2. É-mouï ou Hia-men (les Anglais écrivent *A-moy*), dans l'île de ce nom, au sud-ouest, est dans le département de Tchang-tchéou-fou, province de Fo-kien. Ce port a été ouvert, en 1843, au commerce étranger.

3. *Documents sur le commerce extérieur*, Chine, Faits commerciaux, n° 16, p. 14 et 15.

4. *Liou-saï*, ou correctement *lieou-sé*, c'est-à-dire (toile teinte avec la) couleur de (l'arbre) *lieou*. Voy. p. 38.

5. Le mémoire du R. P. Louis Hélot, missionnaire de la compagnie de Jésus

en vert de feuilles de nénuphar, lorsqu'elles ont été teintes avec le *lo - kao*.

La pièce de *liou-saï* a 17 pieds chinois [1] de long, 1 pied ou 1 pied 1 pouce de large, et coûtait, à Chang-haï, en 1848, 50 à 53 centièmes de piastre, soit (au change de l'époque, 6 fr. 20 c.) 3 fr. 10 c. à 3 fr. 30 c. Voici les dimensions, poids et prix de trois pièces :

6^m,12^c de long; 0^m,35$^c\frac{1}{2}$ de large; 461 gram.; 0 fr. 51^c le mèt.
6^m,36^c — 0^m,35$^c\frac{1}{2}$ — 463 — 0 52 —
6^m,30^c — 0^m,38$^c\frac{1}{2}$ — 467 — 0 52 —

Le P. Hélot estime que la valeur de la teinture en vert, avec les écorces ou avec le *lo-kao*, d'un mètre carré de toile de coton, est de 5 centièmes 7 millièmes de piastre (environ 50 centimes, au change de 9 fr.).

M. de Montigny avait envoyé également, comme je l'ai dit déjà, des matières colorantes, et il y avait, dans le nombre, les deux matières vertes suivantes :

« Dix catties (6 kil. 047) de *pih-chow-elle* (je donne le nom tel qu'il est écrit de la main de M. de Montigny), couleur verte, — ayant coûté 4 950 sapèques (environ 26 fr.);

« Cinquante catties (30 kil. 235) de *tong-loh*, peinture verte qu'on dit être faite avec la graine de *no-me*, — ayant coûté 20 800 sapèques (environ 107 fr.). »

Le Ministère de l'agriculture et du commerce, qui a partagé ces échantillons, ainsi que les substances tinctoriales provenant des Délégués[2], entre la manufacture impériale des Gobelins, le Muséum d'histoire naturelle, les Chambres de

en Chine, a été inséré dans les *Études de Théologie, de Philosophie et d'Histoire*, et il a été fait un tirage à part de la partie du volume qui le renferme.

1. Le pied ou *tchi*, qui est le plus en usage à Chang-haï, est le *i-tsaï-tchi*; il varie, dans la pratique, de 351 à 356 millimètres. L'étalon que le Tao-taï de Chang-haï m'en a donné, en 1845, avait 354 millimètres $\frac{1}{4}$ de longueur.

2. Entre autres, l'échantillon de *lo-kao* que j'ai eu à Canton le 17 août 1845.

commerce de Lille, de Rouen [1] et de Mulhouse, n'a reçu aucune indication de la nature de ces matières.

Tong-lo est le nom du vert-de-gris, et ce nom se rapproche beaucoup de celui que l'on a indiqué aux Délégués (*Tsong-lok; Commerce d'exportation de la Chine*, page 199).

Le riz glutineux s'appelle *no-mi,* 糯 米. Il est probable que *no-me*, comme M. de Montigny l'écrit, n'est pas exactement le nom de la plante, et que le *tong-loh* est la matière verte que l'on tire des baies de *lo-chou.*

C'est en 1848, selon M. Mathieu-Plessy [2], que M. Daniel Kœchlin-Schouch, de Mulhouse, un de nos manufacturiers les plus éminents, signala, dans une toile de coton chinoise, une couleur verte nouvelle. La Chambre de commerce de Mulhouse n'a reçu du Ministre les tissus dont j'ai parlé plus haut, qu'en novembre 1849; mais voici l'explication que le président de la Chambre, M. J. Albert Schlumberger m'a donnée de cette date antérieure : « Le délégué de la Chambre de commerce en Chine, au retour de sa mission en 1845, nous a rapporté, entre autres objets, des tissus teints en vert et en rouge, qui ont provoqué de nombreuses expériences de la part de nos chimistes, notamment le tissu vert [3]. »

Le premier document qui fasse mention de cette teinture verte, est la lettre que la Chambre de commerce de Mulhouse a écrite à M. le Ministre du commerce le 27 avril 1850, et par laquelle elle le prie de demander en Chine :

« Quelle est la substance colorante qui a servi à teindre les fonds verts des échantillons [4], lesquels ont été reconnus, par l'analyse, être teints avec la même matière colorante, substance tinctoriale d'une nature toute particulière et inconnue en Europe? »

1. *Journal de Rouen*, numéro du 28 novembre 1849.
2. *Bulletin de la Société industrielle de Mulhouse*, 1853, t. XXV, p. 96.
3. Lettre du 13 juillet 1857.
4. Ces échantillons sont ceux que le Ministère avait envoyés en 1849.

Cette question, dont la précision est remarquable, car elle signale : 1° des fonds *verts* obtenus avec une *même* matière colorante ; 2° une matière tinctoriale *verte, d'une nature toute particulière et inconnue en Europe ;* cette question, dis-je, a été rédigée par le comité de chimie de la Société industrielle de Mulhouse[1].

Il résulte d'une déclaration récente des présidents de la Chambre de commerce et de la Société industrielle de Mulhouse que M. Daniel Kœchlin-Schouch a observé, le premier, la couleur singulière des calicots verts teints en Chine. Déjà, à cette époque, l'expérience avait démontré à cet habile chimiste que ce vert passe à l'orange par les protosels d'étain et au violet par la fermentation. La lettre du 27 avril 1850 est due à son initiative.

Dix-sept mois après, en septembre 1851, M. Daniel Kœchlin remit à M. Persoz un échantillon de cette toile verte parsemée de petites taches violettes, et dont la teinture était toujours une énigme.

M. Persoz réussit à se procurer, grâce au zèle de son ami M. P.-S. Forbes, consul des États-Unis à Canton, environ un gramme de la matière colorante. La demande avait été faite à la fin de novembre 1851 ; la laque était à Paris dans les derniers jours de mars 1852. M. Persoz donna une partie de cet échantillon, déjà si petit, à M. Kœchlin-Schouch[2], à M. Guinon, de Lyon, et à M. Espinasson, de Rouen. Le papier qui le renfermait me fut adressé le 4 mai par M. Persoz; il portait une inscription chinoise, tracée en caractères cursifs presque illisibles. Ce n'était ni le nom, ni l'origine, ni le mode d'emploi; c'était le prix de l'échantillon : 此價兩員 (*tsé-kia-liang-youen*, le prix de ceci est de deux piastres).

1. *Exposé des travaux de la Chambre de commerce du département du Haut-Rhin (à Mulhouse) pendant l'exercice* 1850. Mulhouse, 1851, p. 9.
2. Lettre de M. Kœchlin-Schouch à M. Guinon, 31 mars 1853.

Le 5 avril 1852, M. Legentil, président de la Chambre de commerce de Paris, avait écrit à M. le Ministre des affaires étrangères, pour le prier de faire faire des recherches en Chine, et lui avait adressé, pour être transmise à notre Ministre à Canton, une note, qui avait été rédigée par M. Persoz (2 avril). « Les Chinois, y est-il dit, possèdent une matière colorante *bleue*, qui teint directement en vert solide les mordants d'alumine et de fer ; cette matière colorante ne contient ni indigo, ni aucun des dérivés de ce principe colorant. » On demandait entre autres choses : « Quel est le procédé suivi pour sa préparation, et s'il y a emploi de chaux ou de craie. »

M. Persoz présenta à l'Académie des sciences, dans la séance du 18 octobre 1852, une note qui a été insérée dans les *Comptes rendus des séances*, tome XXXV, pages 558 et 559.

Quelques jours après (26 octobre 1852), M. le Ministre des affaires étrangères envoyait à la Chambre de commerce de Paris une dépêche de M. de Bourboulon, ministre en Chine, datée de Macao, 21 août 1852.

Voici le résumé de cette pièce : — « M. Forbes a pu obtenir à Canton un quart de catty de la laque demandée. Elle coûte, à Canton, 35 piastres le catty. On affirme qu'on la tire d'une fleur. Il y a, en Chine, deux autres moyens de teindre en vert : 1° par la fleur de *hoaï-hoa* et l'indigo (j'en parlerai plus loin) ; 2° par l'indigo seul (l'étoffe, teinte avec l'indigo, est exposée à la gelée, puis au soleil).

La communication faite à l'Académie des sciences par M. Persoz ne pouvait passer inaperçue. M. Seringe, professeur de botanique à la Faculté des sciences de Lyon, la signala, le 10 novembre 1853, à la Chambre de commerce de Lyon, qui en délibéra dans sa séance du 25 novembre.

La Chambre me fit l'honneur de m'écrire à ce sujet, le 7 décembre ; elle m'invitait : « 1° à recueillir, auprès du Mi-

2

nistère du commerce, de la Chambre de commerce de Paris
et de M. Persoz, tous les faits qui pouvaient la diriger dans
l'étude et l'application des résultats déjà publiés, et éclairer
son jugement; 2° à rechercher par quels moyens il serait
possible d'obtenir une quantité de *vert de Chine* suffisante
pour servir à des expériences pratiques sur une échelle un
peu étendue. » Ma réponse est du 12 décembre. La Chambre,
habituée à ne reculer devant aucune dépense, quand il s'agit
de l'intérêt de l'industrie lyonnaise, vota, dans sa séance
du 16, l'achat en Chine d'environ cinq kilogrammes et l'ou-
verture d'un crédit de trois mille francs.

Je chargeai de cette acquisition mon ami M. D. Rémi,
négociant français à Chang-haï, et la Chambre reçut, en
octobre 1853, 160 taels de *lo-kao*, qui avait été payé
1 piastre 35 cents le tael. Dix-neuf petites boîtes conte-
naient ces 160 taels achetés à Sou-tchéou-fou [1]; le poids
net total était de 5 kil. 590. La facture montait, avec les
frais, à 2158 fr. 55 c. [2] : le kilogramme revenait donc à
386 francs.

M. Persoz, dans un voyage qu'il fit à Lyon, avant de
présenter sa note à l'Institut, avait parlé du *vert de Chine*
à M. Guinon; celui-ci chargea, le 24 septembre 1852,
MM. Desgrand père et fils de lui en faire venir. Cette demande fut adressée à MM. Carvalho et Cie, de Canton,
et M. Guinon était en possession, en mars 1853, de 256
taels de *lo-kao* de 1re qualité et de 2 taels de 2e qualité,
achetés à Canton, en décembre 1852, à raison de 3 piastres
le tael, pour la première qualité, et de 2 piastres pour la
seconde. M. Guinon offrit, le 14 mars, à la Chambre de
commerce de lui en céder une partie. La Chambre con-

1. Le papier qui enveloppait les boîtes portait le nom du marchand,
Choy-vin.
2. Le change était alors à 8 fr. 75 cent. par piastre.

sentit à prendre deux kilogrammes, et les reçut, le 14 avril, au prix de revient, soit à 533 fr. le kilo.

La Chambre de commerce fit plus tard une distribution *gratuite* de *lo-kao*, par quantités de 10 à 50 grammes, à près de cinquante chimistes, teinturiers, imprimeurs sur étoffes et artistes peintres.

Les droits de M. D. Kœchlin à la découverte du *vert de Chine* ont été revendiqués dans deux publications de la Société industrielle de Mulhouse : l'une est le rapport présenté à l'assemblée générale du 28 décembre 1853 par M. Daniel Dollfus fils [1]; l'autre est une note lue dans la séance du 31 août 1853 par M. E. Mathieu-Plessy [2].

Je devais mentionner le fait, et j'indique les pièces; M. Persoz m'a communiqué, à ce sujet, le passage suivant d'une lettre que l'honorable M. D. Kœchlin lui a écrite le 31 mai 1857 : « A vous dire la vérité, ce n'est qu'à la lecture de votre lettre que j'ai eu souvenir que M. Plessy avait lu un mémoire sur le *vert de Chine*, pendant que je me trouvais en voyage et aux bains, en août 1853, mémoire que je n'avais jamais lu, et je dois avouer que, si j'en avais eu connaissance, j'eusse fait changer la rédaction de l'article vous concernant. »

Depuis l'envoi de *lo-kao* fait à la Chambre de commerce, il en est arrivé à Lyon, à Paris, à Londres, des quantités assez grandes; cette matière est devenue un objet de commerce, et son prix se règle aujourd'hui selon les besoins du marché.

A l'étranger, c'est, si je suis bien informé, la Hollande qui, après la France, a reçu le plus tôt le *vert de Chine*; la Société d'industrie des Pays-Bas l'a obtenu, vers la fin de 1853 [3], du Consulat néerlandais en Chine. Le *lo-kao*, qui servit, en

1. *Bulletin de la Société industrielle de Mulhouse*, 1854, tirage à part, p. 10 et 11.
2. *Bulletin*, t. XXV, p. 96 à 104.
3. *De Volksvlijt*, 1854, n° 1-2.

1853, aux essais de MM. Walter Crum et John Mercer, leur avait été donné par M. Persoz[1].

II.

L'histoire du *vert de Chine* serait incomplète, si je ne parlais pas de matières vertes dont des botanistes, des voyageurs, des chimistes, ont fait mention, et que l'on a considérées comme identiques avec le *lo-kao*, sans que rien n'ait justifié jusqu'à présent cette identité. Ce que j'ai à dire sur ce sujet est, de toute façon, nécessaire. Si ces substances sont effectivement des teintures vertes différentes du *lo-kao*, il est important de les signaler et de les faire rechercher; si elles ne sont autres que le *vert de Chine*, des faits nouveaux seront acquis à l'histoire de celui-ci. Enfin, s'il est démontré que ces matières ne teignent pas en vert, on n'aura plus à s'en occuper, et l'on aura fait justice d'une erreur.

1. — TSAÏ, *de Cochinchine,*
Signalé par Poivre, vers 1750, et par le père Horta, en 1766.

Pierre Poivre, né à Lyon en août 1719, est devenu célèbre par les grands services qu'il a rendus à la Compagnie française des Indes et aux îles de France et de Bourbon. C'est lui qui a importé et naturalisé, dans ces îles, le muscadier, le giroflier, le sagoutier, l'arbre à pain, etc. Poivre alla en Cochinchine, en 1749, en qualité de ministre de France ; il reçut de l'empereur le meilleur accueil, et a été en position d'être bien informé.

1. Lettres de M. W. Crum (18 octobre 1853) et de M. J. Mercer (29 octobre 1853). *First report of the Department of science and art*, p. 432 à 435.

Voici ce qu'il a écrit dans un petit ouvrage, imprimé à Yverdun en 1768, et qui a pour titre : *Voyages d'un philosophe, ou Observations sur les mœurs et les arts de l'Afrique, de l'Asie et de l'Amérique* :

« Ils (les Cochinchinois) cultivent le cotonier, le meurier, le poivrier, l'arbre de vernis, l'arequier, le thé, l'indigo, le saffranum et, ce qui leur est particulier, une plante qu'ils nomment *tsai*, qui étant mise en fermentation comme celle de l'indigo, fournit abondamment une fleur de couleur verte, qui seule donne en teinture un verd d'émeraude très-solide. Cette plante serait un présent bien essentiel à faire à nos colonies d'Amérique (page 95). »

Ce passage est à la page 70 de l'édition de l'an v; il a été reproduit dans l'*Histoire générale de la Chine*, 1785, t. XIII (volume de supplément rédigé par l'abbé Grosier), page 218, et dans la *Description de la Chine et des États tributaires de l'Empereur*, par le marquis de Fortia d'Urban, 1840, t. III, page 135.

Le père Horta dit de son côté, en 1766 : « Les Tong-kinois cultivent une plante nommée *tsaï*, qui, étant mise en fermentation, fournit une fleur d'une couleur verte, qui donne une teinture en verd d'émeraude très-solide. Je crois que cette plante ne se trouve qu'au Tong-king et dans la Cochinchine. » (*Lettres édifiantes*, 1781, t. XVI, page 239).

Le mot *tsai* n'est pas cochinchinois; *tsaï* est un mot chinois qui s'écrit de deux manières, 蔡 et 菜, il signifie *herbe* dans le premier cas, et *légume* dans le second.

2. — DINH-XANH, *de Cochinchine*,
Signalé par Charpentier de Cossigny, vers 1770.

Charpentier de Cossigny a publié, à Paris, en l'an VII, un livre qui est intitulé : *Voyage à Canton, suivi d'Observations sur le Voyage à la Chine, de lord Macartney et du citoyen van Braam, et d'une Esquisse des arts des Indiens et des Chinois.*

« Les Cochinchinois, dit-il à la page 588, ont une plante qu'ils nomment *dina-xang*, assez ressemblante à notre mélisse, dont ils retirent, au moyen de la macération dans l'eau, une fécule verte[1], avec laquelle ils teignent en verd toutes les étoffes dans toutes les nuances possibles. Quelques démarches que j'aie faites, depuis plus de trente ans, je n'ai pas pu me procurer, jusqu'à présent, de graines de cette plante précieuse. »

Charpentier de Cossigny fait encore mention de cette plante et de sa fécule tinctoriale, aux pages 224 et 232 de l'ouvrage ci-dessus, à la page 270 du tome II du *Voyage au Bengale*[2], et à la page 353 du t. II des *Moyens d'amélioration des colonies.*

Pierre Blancard, qui a navigué longtemps dans l'Inde, signale également le *dina-xang* dans le *Manuel du Commerce des Indes* :

« La plaine (de Cochinchine) produit.... une plante précieuse inconnue en Europe, qui ferait, à elle seule, la richesse d'une colonie et que l'on nomme dans le pays *dina-xang;* elle donne par la fermentation une fécule verte qui sert à la teinture des étoffes dans toutes les nuances de cette couleur ; les Européens l'ont nommée *indigo vert* (page 345). »

Blancard n'a pas été en Cochinchine ; il a connu Charpentier de Cossigny (page 344); il devait tenir de celui-ci, le peu qu'il savait de la fécule verte.

---

1. « Les parties extractives, jaunes et bleues, s'y trouvent combinées en telle proportion et en telle quantité, que l'on sépare ce mélange avec facilité.... » Cossigny, *Moyens d'amélioration*, t. II, p. 353.
2. M. Gonfreville dit, dans l'*Art de la teinture des laines* (p. 528), qu'il n'a pas pu se procurer « le prétendu indigo vert *dina-xang*, annoncé par Sonnerat. » J'ai cherché vainement cette indication dans les deux éditions de la relation de Sonnerat, *Voyage aux Indes orientales et à la Chine, fait par ordre du Roi, depuis 1774 jusqu'en 1781.*

.J'ai acheté à Batavia, à la vente des livres de feu Borel, l'ouvrage de Blancard. Borel avait fait plusieurs voyages en Cochinchine ; il avait résidé dans ce pays pendant plus de douze ans, et était, à Batavia, l'agent de l'empereur Annamite. Il avait écrit le mot *fable* à la suite du passage précité.

Au mois de juin 1845, j'étais moi-même en Cochinchine, à Touranne. Mgr Lefèvre, évêque d'Isauropolis, vicaire apostolique de la Basse-Cochinchine, que la corvette *l'Alcmène* venait de délivrer et qu'elle transporta à Macao, mit des notes sur cet exemplaire déjà annoté par Borel. Il vit la remarque de celui-ci, et ne partagea pas son opinion ; il connaissait une teinture verte.

Je tiens d'un de mes interprètes cochinchinois à Touranne, qu'une plante donne en effet une espèce d'indigo, teignant en vert la soie et le coton[1], qu'elle croît dans les provinces de Quang–nam et de Quang–duc, et surtout dans cette dernière, aux environs de Houé-fo ; je n'ai pu me procurer ni la plante ni le produit. M. Itier en fait également mention[2]. M. Hedde a pris note à Touranne du prix de cet indigo vert, 1 quan et demi la livre[3] ; comme on donnait à cette époque (juin 1845) 4 quan[4] pour la piastre à colonnes, le kilo coûtait environ 3 fr. 60 c.

La fécule de *dina-xang* pourrait bien être cette fécule de *tsaï* dont parlent Poivre et le père Horta, et cet indigo qui a été signalé à MM. Hedde, Itier et à moi.

Je dois dire que J. de Loureiro, Mgr Pigneaux et Mgr Taberd ne citent, le premier, dans la *Flora Cochinchinensis*, les deux

1. Mon journal de voyage porte, à la date du 10 juin 1845, ce qui suit : « On a (en Cochinchine) deux sortes d'indigo ; le procédé d'extraction est le même pour l'un et l'autre, mais l'un teint en bleu, et l'autre en vert.... »

2. *Journal d'un voyage en Chine*, t. III, p. 132.

3. La livre cochinchinoise, ou can, est de 624^{gr}8 (Taberd, *Vocabulaire cochinchinois*, p. 94).

4. Le *quan* est de 600 *dong* ou pièces de zinc enfilées et liées ensemble. Les missionnaires appellent le *quan* ligature ou enfilade.

autres, dans le *Dictionarium anamitico-latinum*, aucune plante du nom de *dina-xang*. Il est plus correct d'écrire *dinh-xanh*, et je remarque que *xanh* signifie *vert*[1]. Treize caractères co-chinchinois se prononçant à peu près *dinh*, je ne puis savoir quel est celui qui s'applique à cette plante.

Charpentier de Cossigny s'est beaucoup occupé de l'indigo dans l'Inde, à l'île Maurice et en France; l'indigo vert avait pour lui un intérêt particulier, aussi fit-il des recherches dans cette voie nouvelle. Il présenta au Directoire un mémoire sur l'extraction de l'indigo du pastel, et il y indique, sans la nommer, une plante d'Europe qu'il croit propre à donner une *fécule verte* (*Voyage à Canton*, page 292). Il veut parler certainement de la scabieuse à fleurs bleues, dont on fait usage en Suède pour teindre la laine en vert. J'appelle néanmoins l'attention sur une coïncidence singulière. Le *dinh-xanh* ressemble assez à notre mélisse, selon Charpentier de Cossigny, et Buch'oz rapporte, dans le *Traité des plantes qui servent à la teinture et à la peinture*, que les feuilles du *Melissa officinalis*, Linn., donnent à l'esprit-de-vin une couleur *verte* permanente (page 131). M. Persoz me fait remarquer que la désignation si vague de Cossigny s'applique mieux peut-être au *Mercurialis perennis*, Lin., qui contient une teinture bleu-verdâtre solide, caractérisée par la présence de l'indigo.

3. — INDIGO VERT,
Préparé par Charpentier de Cossigny, en 1779.

Après avoir signalé le *dina-xang*, Charpentier de Cossigny annonçait que « l'anil (*Indigofera tinctoria*) donne aussi une fécule verte, par des procédés différents de ceux employés par les indigotiers pour en retirer le bleu. » Il paraît s'être

---

1. Le caractère *xanh* n'existe pas en chinois, il est sous la clef 75 (*Dictionarium anamitico-latinum*, p. 608 et 632).

étendu sur ce sujet dans une lettre qu'il adressa, le 12 septembre 1779, à Le Monnier, de l'Académie des sciences, et
qui fut imprimée à la suite de l'*Essai sur la fabrique de l'Indigo*. J'ai trouvé quelques détails dans les *Moyens d'amélioration des colonies* (t. II, p. 233 à 236).

« Les procédés pour l'obtenir (l'indigo vert) sont très-
simples.

« Pilez des feuilles fraîches d'anil; mettez-les tremper avec
un peu d'eau pure ou d'eau de chaux pendant une heure;
soumettez-les à la presse; mettez à part l'eau que vous retirerez et que vous filtrerez deux ou trois fois au travers d'un
linge un peu serré; ajoutez de nouvelle eau sur le marc, de
façon qu'il soit fortement trempé, et mettez à la presse, au
bout d'une heure; filtrez encore plusieurs fois la seconde eau
que vous retirerez. On peut mêler aussi les deux liqueurs
qu'on a obtenues, ou les tenir séparées. J'observe que la
première donne un sédiment qui paroît d'une couleur plus
vive que la seconde....

« On ajoutera beaucoup d'eau de chaux vive aux liqueurs;
on les agitera; ensuite on les laissera reposer; après quoi on
décantera l'eau surnageante. On trouvera au fond du vase une
fécule verte d'une belle couleur....

« .... Il suffit de la laver plusieurs fois dans de l'eau de
chaux, ensuite dans plusieurs eaux bouillantes....

« .... L'anil rend une plus grande quantité de fécules
vertes que de bleues.

« Cette pâte verte est, comme l'indigo, indissoluble à l'eau:
elle ne s'y délaye même pas: elle paroît avoir plus de visco-
sité. Lorsqu'elle est fraîche et encore humide, elle peint le
papier et la toile en vert solide; elle est noire lorsqu'elle est
sèche. La pâte est très-fine, et sans éclat: elle prend le poli,
sans couleur, sans nuance cuivrée, lorsqu'on la frotte avec
l'ongle.

« On obtient un produit plus beau en employant des

feuilles épluchées, au lieu de tiges chargées de leurs feuilles.

« L'indissolubilité de l'indigo vert dans les menstrues aqueux, spiritueux, acides et alkalins, exige vraisemblablement qu'on le traite comme l'indigo, pour l'employer à la teinture. Peut-être que la fermentation le décomposera et changera sa couleur.... »

4. — KIM-LONG-NHUÔM, *de Cochinchine*,
Signalé par J. de Loureiro, vers 1780.

On peut croire que le *tsaï* de Poivre et le *dinh-xanh* de Charpentier de Cossigny sont une même chose; la ressemblance avec la mélisse laisse supposer, comme on vient de le dire, que la plante cochinchinoise appartient à ce genre ou bien est le *Mercurialis perennis*. Telle n'est pas l'opinion de Correa[1]; d'après lui, le *tsaï* de Poivre serait le *Justicia tinctoria*.

Cette acanthacée croît à l'état sauvage en Cochinchine; Loureiro (t. I, page 25) fait connaître son emploi pour la teinture : « *Folia viridi colore saturata, eodem telas pulchre imbuunt.* » Mgr Pigneaux et Mgr Taberd s'accordent avec Loureiro sur cette propriété et sur le nom cochinchinois, *Kim-long-nhuôm*, 金龍染. Le *Justicia tinctoria*, Lour. et Roxb., est le *Peristrophe tinctoria* de Nees.

5. — CAY BOUNG-BOUNG *et* CHAM-LON-LA, *de Cochinchine*,
Indiqués par J. de Loureiro, vers 1780.

Voici encore des plantes cochinchinoises, dont les feuilles donnent une couleur verte.

Le *Cay Boung-boung*, 核桙桙, qui a servi à Loureiro de type pour le genre *Aletris*, a été appelé par lui *Aletris Co-*

---

1. C.-P. de Lasteyrie, *Du Pastel, de l'Indigotier, et des autres végétaux dont on peut extraire une couleur bleue.* Paris, 1811, p. 234.

chinchinensis (tome I, page 204); c'est le *Sanseviera læte-virens*, Haworth. Il est inscrit sous ce dernier nom dans le *Hortus floridus Cocincinæ*.

Selon Loureiro (tome II, page 484), on extrait, en Cochinchine, des feuilles broyées du *cham-lon-la*, 藍 客 ¹ 蘿, une teinture bleue et une teinture verte (*optimam tincturam cæruleam, viridemque*); Loureiro ajoute que cette matière colorante s'obtient plus aisément que celle de l'indigotier, et qu'elle a un éclat au moins égal. Le *cham-lon-la* est le *Spilanthus tinctorius*, Lour., ou *Adenostemma tinctorium*, Cassini², et je suis porté à croire que c'est une des espèces de *lan* que les Chinois cultivent dans les provinces méridionales et dont ils se servent communément pour teindre en bleu clair.

6. — INDIGO VERT, *de l'Inde*,
Rapporté par Prinsep, vers 1790.

L'alderman Prinsep, de retour de l'Inde, donna à Bancroft, vers 1790, un petit fragment d'une substance verte, dure, produite dans l'Inde, et qu'il appelait *indigo vert*.

Bancroft a consigné au tome I de *Experimental researches concerning the philosophy of permanent colours* (London, 1813), pages 264 à 266, les expériences qu'il a faites sur cette matière; elle lui paraissait se rapprocher, en quelques points, de la fécule verte que l'on tire de plusieurs plantes, et particulièrement de crucifères, quand elles sont mises en fermentation, comme l'indigo, dans l'eau chaude.

Bancroft eut la pensée que cet indigo vert de Prinsep était la fécule de *tsai*, indiquée par Poivre.

Voici l'opinion qu'en a M. Persoz : « Lorsque Bancroft

---

1. Le caractère cochinchinois correct présente à droite la clef 17 (*Dictionarium anamitico-latinum*, p. 671).
2. *Dictionarium anamitico-latinum*, p. 640.

veut s'assurer si la substance, qui lui a été remise par Prinsep, est la *fécule verte* qui devait servir à teindre directement en vert, il constate, après l'avoir traitée successivement par l'alcool, par l'eau, par l'acide sulfurique concentré, et enfin par un mélange de réalgar et d'alcali caustique, que, s'il a obtenu par l'alcool une assez forte proportion d'une substance verte qu'il compare à la chlorophylle, le résidu insoluble possède tous les caractères de l'indigo. En effet, en le traitant par l'acide sulfurique, il a produit du *bleu de Saxe*, et par le sulfure d'arsenic et l'alcali, du bleu de pinceau (Lettre du 4 juin 1857.) »

7. — BARASAT VERT, *de l'Inde*,
Envoyé par R.-C. Birch, en 1793.

Le *barasat* vert fut envoyé, en 1793, de Calcutta par R.-C. Birch à J. et F. Baring et Cie, et ceux-ci chargèrent Bancroft de l'examiner.

Le *barasat* ressemblait assez à l'indigo, mais il était de couleur vert foncé terne. On le disait extrait des feuilles d'une plante vivace, exotique, dont voici les caractères :

Feuilles différant peu de celles du laurier; fleurs petites, jaunes, disposées en grappes; graines logées dans des gousses effilées à une extrémité.

Cette plante est, selon Bancroft (vol. I, page 275), le *taroum akkar* de Marsden, que Roxburgh a décrit sous le nom de *Asclepias tinctoria*.

Birch annonçait que le *barasat* vert teignait la soie et la laine en vert clair, sans mordant. Bancroft conclut de ses expériences que cette matière était composée de deux substances colorantes différentes : l'une, insoluble dans la potasse caustique et qui était de l'indigo; l'autre, olive, soluble dans la potasse, teignant en vert olive ou en vert pomme (Voir Bancroft, *Experimental researches*, vol. I, pag. 266 à 275).

Ce que Bancroft dit du *barasat* s'applique, jusqu'à un certain point, au pastel. La matière olive rappelle la *fécule verte* du pastel, qui est composée de chlorophylle, de matière cireuse, d'indigotine et d'une substance azotée [1].

M. Persoz ne voit dans le *barasat* vert qu'un indigo impur. « Cette matière, m'écrit-il, fut pour Bancroft le sujet d'une multitude d'expériences qui aboutirent, en définitive, à lui prouver que, non-seulement il pouvait réaliser avec ce produit tous les genres de teinture qu'on obtient avec l'indigo, mais qu'en outre, en sublimant une portion de cette matière préalablement pulvérisée, il en obtenait de belles aiguilles d'*indigotine*. »

Si le *barasat* vert est fourni, comme Bancroft le révèle (vol. I, pag. 275), par l'*Asclepias tinctoria*, Roxb., il est évident qu'il ne peut être qu'un indigo impur

En effet, l'*Asclepias tinctoria*, Roxb., est une plante d'un usage général pour la teinture en bleu dans plusieurs parties de l'Inde et de l'archipel Indien, notamment au Pégu et à Sumatra ; c'est le *Marsdenia tinctoria* de Rob. Brown, le *Pergularia tinctoria* de Sprengel.

W. Marsden annonce que le *taroum akkar* contient de l'indigo et que l'on s'en sert à Sumatra, ainsi que du *taroum* (*Indigofera*) pour la teinture en bleu (*The History of Sumatra*, 1783, page 78). Roxburgh a extrait des feuilles, par l'eau chaude, une quantité d'indigo, proportionnellement plus forte, selon lui, que celle que l'on obtient de l'*Indigofera tinctoria* (*Flora Indica*, 1832, vol. II, page 44). Bancroft lui-même fait mention (vol. I, page 189) de trois sortes de cet indigo, préparées par le docteur Roxburgh : la première, d'un très-beau violet ; la seconde, tirant sur le bleu, et la troisième tirant sur le pourpre.

1. Chevreul, *Leçons de Chimie appliquée à la teinture*, 1829-1830, 30ᵉ leçon.

8. — ASCLEPIAS TINGENS, *de l'Empire Birman*,
Signalé par le docteur Buchanan, vers 1795.

Le docteur Buchanan a apporté du Pégu dans l'Inde, en
1795, l'*Asclepias tingens*, Roxb. (*Gymnema tingens*, Sprengel);
il informa Roxburgh que les Birmans tirent des feuilles une
teinture verte. Les essais nombreux et variés que Roxburgh
fit pour arriver à ce résultat, furent infructueux. — Voy.
Flora Indica, vol. II, page 54, et Bancroft, vol. I, pages 275
et 276.

9. — INDIGO VERT,
Étudié par Kurer, en 1801.

Je n'ai pas pu me procurer le mémoire original de Kurer;
je ne le connais que par le résumé que M. Gustave Schwartz,
de Mulhouse, en a fait[1].

Les expériences sont à peu près les mêmes que celles de
Bancroft; Kurer cependant ne connaissait pas l'ouvrage de
ce dernier, qui n'a été traduit en allemand que plus tard. Il
conclut que l'indigo vert, dans son état désoxydé, possède
les mêmes propriétés que l'indigo du commerce; que ce n'est
qu'un mélange de bleu et d'une substance jaune provenant de
la plante.

10. — VERT VÉGÉTAL, *de Chine ou de Java*,
Envoyé par M. Cézard, en 1837.

M. Nicolas Cézard, un de nos armateurs les plus entrepre-
nants, envoya, en 1837, de Batavia à la Société industrielle
de Mulhouse, un vert végétal, avec cette seule remarque
qu'il était employé en Chine comme matière tinctoriale.
M. Gustave Schwartz fut chargé d'en étudier la nature et les
applications; le rapport qu'il lut à la Société, le 27 sep-

1. *Bulletin de la Société industrielle de Mulhouse*, t. XI, p. 27 et 28.

tembre 1837, se trouve dans le tome XI du *Bulletin de la Société industrielle*, 1838, pages 25 à 32.

M. Schwartz ne met pas en doute, et ses expériences le démontrent, que le vert végétal, envoyé par M. Cézard, est la même substance que Bancroft et Kurer avaient examinée précédemment. Il reconnut que ce vert végétal ne contient aucun principe vert ; que la couleur verte, ou plutôt olive, est produite par l'union d'une matière jaune soluble dans l'eau, du gluten et du brun d'indigo, avec le bleu d'indigo. Voici d'ailleurs le résultat de l'analyse faite par M. Schwartz :

Matière jaune.............	10.4
Gluten et sels.............	35.3
Brun d'indigo..............	39.2
Matière mucilagineuse.......	5.1
Bleu d'indigo..............	10.»
	100.»

Le prof. S. Bleekrode a reçu de Java, vers la fin de 1856, une matière vert-bleuâtre, que l'on supposait être le *lo-kao*, et dont il a, par ses essais, prouvé l'analogie avec l'indigo [1].

11. — WHI-MEI, *de Chine*,
Exposé à Londres, en 1851.

A une époque où l'on n'avait pas signalé, où l'on ne connaissait ni ne cherchait le *vert de Chine*, on peut supposer que la plante qui le fournit figurait à l'Exposition universelle, à Londres. C'est la Compagnie des Indes orientales qui l'avait exposée, et on lit dans le Catalogue officiel illustré : « Le *whi-mei* des Chinois, qui, dit-on, donne une teinture verte, et provient de la province de Chan-toung (*Part V*, page 1420). »

1. M. Persoz a examiné l'échantillon de cette matière que M. Bleekrode m'a envoyé. « Elle se compose, m'écrit-il, de chlorophylle avec une petite quantité d'indigotine. En la traitant par l'acide sulfurique concentré, puis par l'eau, j'ai teint, avec cette liqueur, de la laine en *bleu de Saxe*.... »

Le Jury ne s'y arrêta pas. Cependant, le professeur Solly, rapporteur de la classe IV, n'élève aucun doute sur le fait; il constate que « l'on a présenté des échantillons de *whi-mei*, teinture verte (*Reports*, page 91). »

Il n'y aurait eu rien de surprenant que ce *whi-mei* fût ou la laque verte elle-même ou l'écorce de *Rhamnus*, car le rév. M. Edkins, signale l'envoi du *lo-kao* de Kia-hing-fou jusque dans le Chan-toung, et le père Hélot indique que le *pé-pi-lo-chou*, celui des deux nerpruns qui seul peut donner, dit-on, du *vert de Chine*, croît dans les montagnes du Chan-toung. Mais M. Robert Fortune nous apprend, dans un livre publié récemment[1], que le *whi-mei* est le *Sophora Japonica*. « Quelques personnes, dit-il, ont envoyé en Angleterre la fleur du *whi-mei* (*Sophora Japonica*), comme donnant l'*indigo vert*, mais cette plante fournit une teinture jaune, et quand même on la mélangerait avec du bleu pour produire une couleur verte, ce vert ne serait pas celui dont parlent les manufacturiers français (page 166). » Cette dernière remarque est exacte; on n'est pas certain toutefois, j'en donnerai la preuve plus loin, que la matière colorante des boutons de fleurs du *S. Japonica* ne puisse pas teindre en vert. Quant à ces fleurs de *Sophora*, les teinturiers, les marchands et les auteurs chinois les appellent toujours *hoaï-hoa*.

12. — MATIÈRES VERTES

Envoyées, en 1855, par la Société d'agriculture et d'horticulture de l'Inde.

La note que M. Persoz avait présentée à l'Académie des sciences avait attiré l'attention de la Société d'agriculture et d'horticulture de l'Inde, qui siége à Calcutta. Elle invita M. R. Fortune, qui voyageait alors en Chine, à recueillir et à lui transmettre tous les renseignements relatifs à la plante qui produit le *lo-kao*. M. Fortune s'empressa d'envoyer à la

1. *A residence among the Chinese* (from 1853 to 1856), 1857.

Société des graines et des plants; ils arrivèrent à Calcutta en mars 1854.

La Chambre de commerce de Lyon a fait imprimer le rapport de M. Mac Murray sur la méthode adoptée par lui pour cultiver les deux espèces reçues de Chine. On trouve ce rapport aux pages 19 à 22 de la publication de 1857 [1].

M. R. Fortune adressa, du temple de Tein-tung, le 30 juin 1854, de Hong-kong, le 19 mars 1855, et en 1856, à la Société d'agriculture de l'Inde, des détails nouveaux sur ces plantes et sur la teinture verte. Les deux premières lettres ont été également publiées par la Chambre de commerce de Lyon (pages 16 à 19). La troisième ne contient que les renseignements recueillis par le rév. M. Edkins dans le Tché-kiang, et donnés par lui au docteur Lockhart (pages 37 à 39).

Il est à remarquer que M. Fortune n'a pas *vu* faire le *lo-kao*. Il fit parvenir à la Société :

1° Des graines de l'espèce cultivée et de l'espèce sauvage;

2° Des copeaux de l'écorce, que le rév. M. Edkins avait achetés dans le district de Kia-hing;

3° Un extrait obtenu, à Chang-haï, par le docteur Lockhart, en faisant bouillir les copeaux;

4° Un extrait de graines de l'espèce sauvage;

5° Un extrait de graines de l'espèce cultivée;

6° Un extrait de graines de l'espèce sauvage et de l'espèce cultivée mélangées (Je rappelle que M. Fortune écrivait : « L'extrait des graines de l'espèce cultivée est d'une couleur jaunâtre, tandis que celui de l'espèce sauvage est d'une teinte pourpre ou violette et d'une très-belle apparence. Ces deux extraits, mêlés ensemble, donnent un vert de nuances différentes, suivant la proportion des deux espèces. »);

7° Du papier teint avec la matière colorante tirée des graines des deux espèces, et acheté à Ning-po;

---

1. Chambre de commerce de Lyon. *Concours pour la recherche du vert de Chine dans les végétaux indigènes et exotiques.* Lyon, 1857.

8° De la toile teinte avec la matière colorante tirée de la *racine*, et achetée dans une ville du Tché-kiang.

La Société d'agriculture de l'Inde transmit à M. Persoz, en mai 1855, tous les objets ci-dessus, et pria ce savant chimiste de les examiner et de lui donner son opinion.

« Je suis allé moi-même à Londres réclamer ces objets, m'écrit M. Persoz (4 juin 1857), et, de retour chez moi, je me suis livré sur chacun d'eux aux expériences les plus variées, pour m'assurer si j'avais enfin entre les mains les organes et les extraits de la plante dont on retire le *vert de Chine*. Mais quel ne fut pas mon désappointement, lorsque je vis qu'à l'exception du calicot indiqué comme teint en vert par la racine et identique à celui qui a été expédié, en 1848, par M. de Montigny, ni l'une ni l'autre de ces substances, ni même le papier teint, ne renfermaient de *vert de Chine*. Toutes mes tentatives pour développer cette couleur furent sans résultat. Vous comprendrez d'après cela, mon cher collègue, qu'il est bien à regretter que la *racine* dont on se serait servi pour teindre le calicot portant la couleur réelle, soit précisément la seule substance qui ne nous ait pas été adressée. »

13. — TEINTURE VERTE
Exposée à Paris, en 1855.

Le docteur Forbes Royle a consacré quelques lignes au *vert de Chine*, dans le rapport qu'il a adressé au Président du *Board of Trade* après l'Exposition universelle de 1855 à Paris[1]. Il existe, selon lui, trois sortes de *vert de Chine*, ou indigo vert : la première vient de Chine; la seconde, de l'empire Birman, et la troisième, de l'Assam. Dans l'opinion du docteur Royle, elles sont extraites de plantes de la famille des acanthacées. La dernière sorte avait été exposée, dans le dé-

---

1. Dr F. Royle, *On Indian and Colonial products; Reports on the Paris universal exhibition*, 1856, part III, p. 208.

partement Indien, par le docteur Falconer ; il en est fait mention dans le rapport du Jury, avec cette remarque que la teinture verte, appelée *roum* dans l'Inde, et le *vert de Chine*, sont la même matière[1].

Un habile pharmacien de Londres, M. Daniel Hanbury, renommé par ses recherches sur la matière médicale asiatique, s'est chargé de me procurer des renseignements sur cette substance, dont je n'ai pu avoir d'échantillon, et la réponse du docteur Falconer ne permet pas de douter que le *roum* ne diffère notablement du *vert de Chine*.

« Cette couleur verte, nommée *roum* par les habitants de l'Assam, est préparée dans la vallée de la rivière Burham-pooter, en Assam; elle est extraite d'une espèce de *Ruellia*, plante de la famille des acanthacées; cette plante, dont on ignore le nom spécifique, ou une espèce très-voisine, est cultivée aussi dans le même but, au Pégu et dans d'autres parties de l'empire Birman. Il ne faut pas confondre le *roum* avec le *lila roum*, indigo fourni par une apocinée, le *Wrightia tinctoria*, R. Br. Le docteur Falconer incline à penser que la teinture verte, ou *roum*, de l'Assam, contient de l'indigo comme les teintures que l'on tire des *Isatis* et du *Wrightia*. »

Quelques personnes pensent que cette plante est le *Ruellia comosa*, Wallich, ou le *Ruellia eucoma*, Steudel; rien n'est encore certain à cet égard. Le *R. comosa*, Wall., est l'*Ebermaiera axillaris*, Decand. , et le *R. comosa*, Roxb., ou *R. eucoma*, Steud., est le *Buteræa ulmifolia*, Decand. Ces plantes sont des acanthacées, ainsi que le *Justicia tinctoria*, Lour., dont j'ai parlé plus haut.

1. Rapports, 1856, vol. 1, p. 576.

RÉSUMÉ.

En résumé, de ces dix-huit matières, cinq ont été examinées, les autres ne l'ont pas été, et plusieurs de celles-ci sont tout à fait inconnues.

L'indigo vert de Prinsep, celui que Kurer a reçu, le vert végétal de M. Cézard, sont des indigos impurs. Il en est peut-être de même du *roum* de l'Assam.

Les extraits envoyés par la Société d'agriculture de l'Inde n'ont aucune des propriétés du *lo-kao*.

En tenant compte de l'indication donnée par M. Fortune, le *whi-meï*, exposé en 1851, serait ou la fleur du *Sophora Japonica*, L., ou une teinture extraite de ces fleurs. Si celle-ci était effectivement verte, comme l'affirment le catalogue et le professeur Solly, ce serait une preuve nouvelle à l'appui de cette thèse singulière que le *hoaï-hoa* peut fournir une couleur verte, mais le *whi-meï* n'aurait rien de commun avec le *lo-kao*.

Les teintures vertes que l'on tire de cette espèce de *Ruellia* de l'Assam, du *Justicia tinctoria*, Lour., de l'*Adenostemma tinctorium*, Cass., du *Sanseviera lœte-virens*, Haw., de l'*Asclepias tingens*, Roxb., du *Melissa officinalis*, L., de la scabieuse à fleurs bleues, n'ont pas encore été étudiées.

Enfin, le *tsaï* de Poivre, le *dinh-œanh* de Charpentier de Cossigny, et l'indigo vert que l'on a signalé en Cochinchine à M. Hedde et à moi, sont toujours inconnus.

On a cherché vainement le *vert de Chine* dans la plupart des plantes qui ont été indiquées par différents auteurs comme fournissant une couleur verte; il ne paraît pas que ces essais aient encore produit des résultats satisfaisants. Les végétaux dont je parle, sont l'*Arundo phragmites*, L., l'artichaut, la belladone, le *Bromus secalinus*, L., la buglose, les cardons, le cerfeuil sauvage, le frêne, la luzerne, le *Lycopersicum esculentum*, Mill., le *Mercurialis peren-*

nis, L., le *Ronabea arborea*, Blanco , le séneçon, le trèfle des prés[1].

III.

Noms chinois du Vert de Chine, et des plantes dont on l'extrait.

Ceux-là seuls qui ont voyagé et résidé en Chine savent combien il est difficile d'y obtenir des renseignements précis[2] : aussi, il ne faut pas s'étonner que j'attende depuis cinq ans les noms, écrits en caractères chinois, des plantes dont on tire le *vert de Chine*; personne ne paraît avoir été plus heureux que moi.

M. Arnaudtizon, délégué de la Chambre de commerce de Rouen en Chine, adressa, le 16 janvier 1853, au consul de France à Chang-haï, une lettre sur le *lo-kao*, à laquelle sa date donne encore plus d'intérêt et dont on trouvera un extrait à la fin de cette notice. Il annonce, dans cette lettre, que l'arbuste s'appelle *lo-sa*. M. de Montigny, M. Édan, son successeur intérimaire, M. Rémi et M. Fortune, indiquent le même nom (*lo-za, loh-zah, lo-sa*). Le révérend M. Edkins, de Changhaï, est de même avis; mais, comme il avait les caractères sous les yeux, il écrit *luh-chae*, en kouan-hoa[3] et selon la façon anglaise de transcrire les mots chinois[4].

1. Blanco, Buch'oz, Charpentier de Cossigny, Dambourney, Guibourt, Leuchs.
2. Cette difficulté n'est pas nouvelle ; le P. Amiot écrivait de Pé-king, en 1777 : « Un homme qui sait et parle la langue.... est exposé à recevoir de temps en temps des informations peu exactes, ou même entièrement fausses. »
3. On peut dire, en exagérant un peu, qu'il y a en Chine plusieurs langues, et surtout plusieurs langues parlées : la langue nationale avec ses deux dialectes du nord et du midi, les dialectes de Canton et du Fo-kien, fortement caractérisés et se divisant eux-mêmes en des idiomes différents , les patois provinciaux. Le *kouan-hoa* est la langue commune, littéraire, ou plutôt, comme l'exprime M. Bazin, « la prononciation exacte des caractères, la langue que l'on parle avec une prononciation correcte. »
4. D. Hanbury, *Note upon a green dye from China. Pharmaceutical journal for october*, 1856. La note du rév. M. Edkins a été communiquée à M. Hanbury par le Dr Lockhart, dans une lettre en date du 13 mai 1856.

Lo-zaï, *loh-zah*, *lo-za* ou *lo-sa*, n'est pas un nom de plante. Le mot 柴, *tchaï* en kouan-hoa, et *zaï* ou *za* en dialecte de Ning-po [1], signifie petit fagot, fagot de menu bois, petits bois propres à brûler. « Le nom de *lo-za*, que l'on donne à cet arbuste dans le Tché-kiang, dit le P. Hélot, n'est pas son vrai nom, mais le nom de ses branches mises en fagots, dans le commerce, pour la teinture (page 24). »

Je parlerai plus loin de deux espèces, de deux arbrisseaux ; je ne connais pas encore exactement les noms par lesquels on les distingue en Chine. Le P. Hélot est le seul qui ait apporté quelques éclaircissements sur ce point. Il indique (page 23) deux espèces ou deux variétés de *lo-za* : l'une s'appelle *pa-bi-lo-sa* (blanche-peau-vert-sarment) ; l'autre se nomme *hom-bi-lo-za* (rouge-peau-vertsarment).

Avec la signification des mots chinois, il est facile de retrouver les caractères : l'espèce cultivée serait, en kouan-hoa, *pé-pi-lo-tchaï*, ou plus exactement *pé-pi-lo-chou*, 白 皮 綠 樹, et l'espèce sauvage, le *hong-pi-lo-tchaï*, ou mieux *hong-pi-lo-chou*, 紅 皮 綠 樹.

Le P. Hélot écrit plus loin (page 24) : « Des Chantonnais, sur les montagnes desquels croît cet arbuste, disent qu'il s'appelle *lieu-lo-chou* (saule-vert-arbre), et qu'au commencement de l'hiver on le colporte en petits fagots, sous le nom de *lieu-lo-tché* (*tché* signifie petit bois, rameau). *Lieu-lo-chou* est donc, je crois, son véritable nom. » Il est difficile de décider si le P. Hélot a voulu dire que *lieu-lo-chou*, ou plus correctement *liéou-lo-chou*, 柳 綠 樹, est le nom générique des nerpruns qui fournissent le *vert de Chine*, ou le nom de celui de ces nerpruns qui croît dans les montagnes

1. Dr W. Williams, *English and Chinese Vocabulary*, p. xxxiij.

du Chan-toung, c'est-à-dire du *pé-pi-lo-chou*. J'incline à admettre la première supposition [1].

M. Fortune raconte qu'un fermier des environs de Hang-tchéou-fou, qui avait des plantations du nerprun cultivé, le nommait *loh-zah* ou *soh-loh-shoo*. La toile teinte avec les écorces s'appelant *se-lo-pou*, d'après le P. Hélot, *soh-lo-shoo* doit peut-être s'écrire *se-lo-chou* et avoir le sens de l'*arbre à la couleur verte; se* (couleur) se prononce à Ning-po *sah* et *soh*.

Dans une note sur laquelle je reviendrai [2], M. Ch.-A. Sinclair, interprète du consulat d'Angleterre à É-mouï, signale une écorce qui sert, dans le Fo-kien, à teindre les toiles de coton en vert; cette écorce est appelée, dans le dialecte d'É-mouï, *hwuy-chiang-chi* ou *lee-chi*.

Je n'ai pas reconnu dans ces noms la prononciation fokié-noise, et quelques recherches faites dans le dictionnaire du Fo-kien, m'ont fait supposer qu'ils n'étaient pas exacts. Pour m'en assurer, j'ai prié M. Edgar A. Bowring, du *Board of Trade*, de me transcrire les caractères qui sont tracés sur le rapport original de M. Sinclair. Les voici :

花 針 刺, que je lis *hoa-tchin-tsé* et que l'on prononce dans le Fo-kien, *hoa-tchim-tchi;*

綠 刺, que je lis *lo-sé;* on dit *liok-tchi* dans le Fo-kien.

Le premier nom signifie fleur-aiguille-épine, c'est-à-dire plante à épines aiguës et à fleurs; le second nom, vert-épine, ou plante épineuse qui donne du vert.

Les arbrisseaux dont on tire le *vert de Chine* sont épineux; il est très-probable que ce *lo-tsé* ou *tchin-tsé* est un des nerpruns dont parle le P. Hélot.

1. Le D* Bridgman cite deux plantes du nom de *lo-chou-li*, 老鼠芳, qui seraient l'*Argemone Mexicana*, L., et le *Spinifex squarrosus*, L. (*A Chinese Chrestomathy*, p. 457 et 459).

2. Cette note a été publiée dans le *First Report of the Department of science and art*, p. 432.

Il me reste à indiquer deux noms qui diffèrent tout à fait des précédents.

Le père A. Aymeri, procureur des missions de Saint-Lazare en Chine, écrit de Ning-po, le 22 août 1856, qu'un arbuste, dont on achète l'écorce pour teindre en vert les toiles communes, et qui croît sans culture dans l'arrondissement de Hi-tchéou [1], s'appelle *ma-ly*, dans la province de Pé-king [2]. Le père Aymeri ne donne pas les caractères chinois.

Le Dr W. Williams fait mention d'une plante, du nom de *ma-li-kin*, 馬利筋, qui serait l'*Asclepias curassavica*, Lour. (*Toxocarpus Wightianus*, Hooker) [3]. On a vu plus haut qu'on extrait, à Sumatra, de l'indigo de l'*Asclepias tinctoria*, Roxb., et dans le Pégu, une teinture verte de l'*Asclepias tingens*, Roxb.

J'ai reçu de M. Rémi, en septembre 1856, un nouvel échantillon de *vert de Chine*, sur l'étiquette duquel on lisait : 蘇 .?[4] 有綠膏, pâte verte de *Sou*.... Ce vert ne différait pas de celui des envois précédents. Medhurst traduit *sou* par *clary* (nom de plante), et M. Callery, par *Scrophularia*. Un horticulteur d'Angleterre cultive, m'a dit M. Decaisne, une scrophularinée qui lui a été remise comme étant le *lo-za*.

M. Carvalho a envoyé, sous le nom de *lok-kouh*, les 258 taels

---

1. L'arrondissement de Hi-tchéou est dans la province de Tchi-li. Hi-tchéou est à 220 *li* au S. O. de Pé-king (*Chinese Repository*, vol. XIII, p. 368), et à 170 *li* (de 192 et demi au degré) environ, à vol d'oiseau, d'après la carte de Klaproth. — On compte généralement 10 *li* pour une lieue (de 20 au degré). C'est le *li* de 200 au degré, de 555 mètres et demi, adopté par les missionnaires. L'ancien *li* est de 1728 pieds du cadastre; le pied du cadastre est de 334 mill., soit un peu plus de 13 pouces des Hia : total, 577 mètres 3; ce qui fait exactement 192 *li* et demi au degré.

2. Le Tchi-li.

3. *English and Chinese Vocabulary*, p. 103.

4. Le caractère absent était illisible; il offrait quelque ressemblance avec celui de *tchéou*, et, comme le caractère *fou*, mal écrit, se rapproche de *yeou*. il est fort possible que l'étiquette porte : « Lo-kao de Sou-tchéou-fou. » L'échantillon dont il s'agit provenait en effet de cette ville.

de laque destinés à M. Guinon. MM. de Montigny, Édan,
Arnaudtizon, Rémi, les PP. Hélot et Aymeri, appellent cette
matière *lo-kao*. Le révérend M. Edkins et M. Rémi ont fait
tracer les caractères, le premier, à Kia-hìng-fou, le second, à
Chang-haï ; le nom n'a pas été écrit de la même manière,
mais la différence est légère.

Si l'on adopte les caractères donnés par le rév. M. Edkins
et M. Rémi (lettre du 7 janvier 1857), le *vert de Chine* s'appelle 綠 膠, *lo-kiao*, ce qui signifie colle verte, laque verte.
En accordant confiance à l'autre indication que je tiens également de M. Rémi (septembre 1856), le nom est 綠 膏,
c'est-à-dire suc vert, graisse verte, pâte verte. J'ajoute que
綠 膠 se lit aussi *lo-kao, lou-kao* (Voy. Morrison, Williams, etc.), ce qui explique que le rév. M. Edkins écrive
luh-kaou, et M. Rémi, *low-kow*. Je donne la prononciation en
kouan-hoa ; on prononce *louk-ko* à Canton, et *liok-kou, lek-ko*,
dans le Fo-kien.

M. de Grijs, qui a envoyé d'É-mouï à son ancien maître,
M. le Dr Hoffmann, une traduction en hollandais du mémoire
du P. Hélot, écrit 綠 糕 et 綠 餻 (gâteau-vert), en se
fondant sur l'opinion du Dr W. Williams [1]. Selon moi le véritable nom est 綠 膠.

Le *lo-kao*, qui a été acheté à Canton, en décembre 1852,
était divisé en paquets contenant chacun dix taels (378 grammes) ; ces paquets portaient une inscription. On a supposé
qu'elle contenait un renseignement utile, et au moins, les
noms de la laque et de la plante. Il n'en est rien.

Voici cette inscription :

A gauche, 頂 上 原 采 嬌 翠 毛 綠 拾 兩 足,

1. Ch.-F.-M. de Grijs, *Over de bereiding en het gebruik der groene chinesche
verfstof Lo-kao.* (*De Volksvlijt*, 1857, XII, p. 313).

Ting-chang youen-tsaï kiao tsouï-mao lo chi-liang tso ; « dix onces (chinoises), poids exact, de beau vert (couleur de) plumes de (l'oiseau) *tsouï,* couleur naturelle de première qualité. »

A droite, 經染揀選, *King jen kien-siouen ;* « choisi avec soin pour teindre des soies de chaîne. »

Le nom et l'enseigne du marchand sont à gauche : *Ta-sin tsaï-yun.*

IV.

Des plantes qui fournissent le Vert de Chine.

Tant qu'un chimiste européen n'aura pas signalé des traces de *vert de Chine* dans un des organes des plantes dont je vais parler, — fleurs, baies, graines, feuilles, écorces ou racines, — on ne peut pas affirmer que ces plantes sont réellement celles dont les Chinois se servent pour teindre en vert les toiles de coton et pour préparer le *lo-kao.* Le doute est permis quand on considère les contradictions nombreuses que présentent les renseignements recueillis en Chine par les personnes les plus dignes de foi, et quand on voit les déclarations les plus précises en désaccord avec des faits acquis aujourd'hui à la science et à l'industrie. C'est, je le répète, qu'en Chine, il ne faut croire qu'à ce que l'on a observé soi-même. Un Chinois n'avoue jamais qu'il ne sait pas, et la chose qu'on lui demande, il se fait toujours fort de la donner. Il parle de ce qu'il ignore avec autant d'assurance qu'il vend du vert de Schweinfurt pour du *vert de Chine*[1] et du bleu de Prusse pour de l'indigo. Il faut donc n'ac-

1. « Vous connaissez aussi bien que moi, m'écrit M. Persoz, le crédit dont M. Forbes jouit en Chine, et l'influence qu'il a acquise sur les indigènes durant son long séjour à Canton ; cependant un Chinois qui lui inspirait toute confiance lui remit, sous le nom de *vert de Chine,* trois échantillons de matières colorantes, renfermés, avec le plus grand soin, dans des vases de porcelaine. Il s'est trouvé que ce n'était que de l'indigo en pâte, très-impur, et du vert de Schweinfurt, production essentiellement européenne. »

cepter, qu'après examen, le témoignage des Chinois, à moins qu'on ne soit fondé à avoir confiance dans ceux auxquels on s'adresse.

La découverte des arbrisseaux qui donnent le *vert de Chine* est due à M. de Montigny ; elle doit être antérieure à l'année 1852.

M. Decaisne a trouvé plusieurs exemplaires du *Rhamnus chlorophorus* dans l'herbier de mademoiselle de Montigny[1]. Les rameaux, portant des graines qui ne sont pas tout à fait à maturité, ont dû être cueillis en août ou en septembre, et comme M. de Montigny s'est embarqué, avec sa famille, à Wham-pou pour la France en juillet 1853, l'arbuste était donc en sa possession dans les derniers mois de 1852.

Je tiens de M. Rémi que M. de Montigny en a planté lui-même plusieurs pieds dans le jardin du Consulat, à Chang-haï[2]. A quelle époque ? Je l'ignore, mais c'est certainement avant 1853, et probablement en 1851, car M. Rémi m'écrivait en termes qui indiquent un témoin oculaire : « Le *lo-za* pousse assez promptement, et *en trois ans*, il arrive à une hauteur de cinq à six pieds. »

Enfin, avant de quitter la Chine, M. de Montigny avait expédié, dans des serres, au Muséum d'histoire naturelle, un grand nombre de plants des deux espèces, qui, malheureusement, sont arrivés morts. Le P. Hélot en fait mention : « Les arbustes de l'envoi de M. de Montigny doivent être regardés comme authentiques. Dans ces envois, ont dû se trouver le *hom-bi* et le *pa-bi lo-za* (page 24). »

Quelle que soit la date, M. de Montigny a découvert ces nerpruns, et les a fait connaître à M. Fortune. Cette priorité ne surprendra personne : notre consul a rendu bien d'autres services, et l'on connaît son initiative intelligente et son zèle infatigable.

1. Cet herbier est à Paris, au Jardin des Plantes.
2. Lettre du 29 novembre 1853.

M. Persoz m'a montré, en avril 1852, la laque végétale verte qu'il venait de recevoir; je demandai de suite à Canton des graines de la plante dont elle était tirée. On ne put s'en procurer. Je m'adressai alors à Chang-haï; c'était en octobre 1852.

Le 9 juillet 1853, M. Rémi m'écrivait de Chang-haï, à ce sujet : « Je vous enverrai prochainement de la graine de l'arbrisseau qui produit la teinture verte. Notre ami commun, M. de Montigny, avait un de ces arbrisseaux dans son jardin, il l'a donné à M. Alcock, consul d'Angleterre. Cet arbre est maintenant couvert de graines; quand elles seront en maturité, j'en demanderai à M. Alcock..... M. Édan m'assure qu'il y a un autre arbre de ce genre, appelé *lo-za*, dans le jardin de M. de Montigny, dont il a pris possession avec le service du consulat. Cet arbre est déjà chargé de graines. »

M. Rémi fit partir ces graines, le 29 novembre 1853; il me dit : « M. Édan et moi nous avons récolté ce fruit, et nous en avons extrait l'indigo vert, dont je vous envoie un échantillon. » Il ajoute plus loin : « Je crois que le *lo-za* poussera promptement en France, et que de grandes plantations seraient très-productives pour celui qui voudrait s'en occuper. Cet arbre a des branches en grande quantité; il pousse assez promptement, et en trois ans, il arrive à une hauteur de cinq à six pieds. Les fruits sont abondants; un seul arbre peut produire assez de fruits pour faire environ un demi-kilo d'indigo. »

Enfin, M. Édan écrit le 10 décembre 1853 : « J'ai donné à M. Rémi une partie de la récolte (de baies de *lo-za*) que j'ai faite dans mon jardin. »

Voilà l'origine des graines que j'ai reçues en janvier 1854. J'ai donné une partie de ces graines à ma belle-sœur, madame Bizot-Desgrand, de Lyon, et l'autre partie à mon ami M. de Montigny, alors à Paris, qui en fit don, le 13 avril 1855, à la Société Impériale zoologique d'acclimatation[1]. La Société

___

1. *Bulletin*, t. II, p. 293.

a remis ces graines à M. Paillet, mais aucune d'elles n'a levé.
Les autres graines ont été plantées, en février 1854, à Tassin,
près de Lyon, chez M. P. Desgrand ; elles ont levé, et il en reste
une quinzaine de plants qui ont résisté, en pleine terre et en
plein vent, à trois hivers. C'est de Tassin que viennent les
plants qui ont fleuri cette année, à Irigny, chez M. A.-F. Michel,
membre de la Chambre de commerce, et au Jardin des plantes
de Lyon.

M. Arnaudtizon a signalé (janvier 1853) l'emploi de deux
espèces de *lo-chou*. « La matière colorante, dit-il, provient d'un
arbre dont il y a deux espèces : l'une produit ce que l'on appelle en chinois *peau jaune*; l'autre, *peau blanche*. » Il ajoute
que cet arbre croît uniquement près de Sou-tchou[1] et de
Ka-chin[2], dans des terrains marécageux. Le rév. M. Edkins
indique aussi deux espèces : l'une, dite variété *blanche*, est à
l'état sauvage et croît en abondance dans le voisinage de Kia-
hing et de Ning-po ; l'autre, la variété *jaune*, est cultivée et
se trouve à Tsoh-kaou-pang[3], où il y a une trentaine d'hommes occupés à la préparation de cette matière tinctoriale.

M. Fortune s'est procuré l'espèce sauvage et l'espèce cultivée[4]; il a envoyé de Chine des plants de l'une et de l'autre à la
Société d'agriculture et d'horticulture de l'Inde, qui les a reçus
en mars 1854 ; il a apporté plus tard, en Angleterre, ces
deux mêmes espèces.

Le P. Hélot est aussi affirmatif: « le *lo-za* est de deux espèces,
qui pourraient bien n'être que deux variétés de la même

1. Sou-tchéou-fou, chef-lieu du département de ce nom, est situé dans la province de Kiang-sou, à une douzaine de lieues de Chang-haï.
2. Ka-chin m'est inconnu. Il faut lire sans doute Kia-hing.
3. M. Fortune écrit Tsah-kou-pang (*A Residence among the Chinese*, p. 168); le Dr Lockhart, Tsoh-kow-pang.
4. « Il (le fermier chinois) me dit que, pour produire la teinture en question, deux sortes de loh-zah sont nécessaires, savoir, la variété que l'on cultive dans la plaine et celle qui pousse naturellement sur les montagnes. » Fortune, *A Residence among the Chinese*, p. 187.

espèce : l'une qui vient dans les montagnes stériles du S. O. du Tché-kiang (et du Chan-tong), s'appelle *pa-bi-lo-za* ; l'autre, qui pousse en buisson et sans culture dans les plaines fertiles des environs d'A-zé, dans le même Tché-kiang, se nomme *hom-bi-lo-za* (page 23). » Quand on fait bouillir dans l'eau l'écorce de cette dernière espèce, il se forme à la surface une écume blanche qui passe au rose ; « c'est cette particularité, dit le P. Hélot, qui a fait donner le nom de *hom-bi*, écorce (à écume) rouge, à cette espèce. » Si prolongée que soit l'ébullition de l'écorce de l'autre arbrisseau, l'écume reste blanche, de là le nom de *pa-bi*, écorce (à écume) blanche.

Le P. Hélot ne s'accorde pas en cela avec le rév. M. Edkins et M. Arnaudtizon. Rouge-écorce se dit *hong-pi* ; jaune-écorce, *hoang-pi*, on prononce communément *houong-pi* ; la différence entre *hong-pi* et *houong-pi* est assez peu marquée pour qu'on ait pu se tromper. Le *pé-pi-lo-chou* est l'espèce cultivée, d'après le P. Hélot, et l'espèce sauvage, selon le rév. M. Edkins ; même désaccord pour le *hong-pi* ou *houong-pi-lo-chou*. M. Fortune est de l'avis du missionnaire anglais [1].

M. Rémi m'écrivait le 6 septembre 1855 : « Il y a effectivement deux sortes de *lo-za*, mais je crois qu'une seule, celle que vous avez, sert à faire l'indigo vert. » M. Rémi m'expliquait plus tard, en août 1856, que le nom de *lo-za* s'applique à deux variétés, au *lo-za* mâle et au *lo-za* femelle ; que l'on mêle ensemble les écorces de l'un et de l'autre pour teindre en vert la soie et le coton.

MM. Arnaudtizon et Fortune, le rév. M. Edkins et le P. Hélot, annoncent aussi que les deux espèces sont nécessaires pour produire la teinture verte. « La solution de *hom-bi-lo-za*, rapporte ce dernier, donne une teinte plus forte et plus ferme,

---

1. M. Edkins : « L'espèce sauvage est appelée la *blanche* ; la cultivée est nommée la *jaune*. »

M. Fortune : « La variété qu'ils cultivent dans leurs champs, ils l'appellent l'espèce *jaune* ; celle qui croît sans culture sur les montagnes est l'espèce *blanche*. »

mais sans lustre ni reflet, tandis que la solution du *pa-bi-lo-za* donne une teinte faible, sans vigueur, mais d'un reflet magnifique. On fait le fond de la couleur avec du *hom-bi ;* on complète par le *pa-bi,* et l'on obtient ainsi la couleur verte la plus estimée des Chinois (page 27). »

S'il y a un fait qui doive être hors de doute, c'est l'existence de deux espèces de *lo-chou.* Elle est attestée par des personnes éclairées qui les ont vues, et les observations ont été faites à des époques et dans des lieux différents. Mais ces observations, comparées entre elles et rapprochées des indications qui me viennent de sir W.-J. Hooker, de M. le docteur Lindley, de MM. Fortune, Rémi et D. Hanbury, présentent des contradictions, dont quelques-unes ont déjà été signalées.

Ces réserves faites, je vais dire comment je suis parvenu à réunir assez de données authentiques pour permettre à M. Decaisne, de l'Académie des sciences, de décrire les deux espèces. L'illustre professeur au Jardin des Plantes a découvert, de son côté, grâce au soin scrupuleux qu'il apporte à ses recherches, des preuves originales qui ont confirmé les miennes.

Le P. Hélot a fait dessiner, d'après nature, par un peintre chinois, une branche de *hong-pi-lo-chou,* chargée de fruits verts; le Conseil central de l'OEuvre de la Propagation de la foi a communiqué cette aquarelle à la Chambre de commerce de Lyon, et celle-ci a bien voulu me la confier. L'authenticité de ce dessin n'est pas contestable; il porte le cachet du peintre et sa signature, *Lao-san, i kien, tchi* (Lao-san, surnommé Kien, a fait); la plante est expressément désignée comme étant le *hong-pi-lo-chou.*

Voilà quel a été mon point de départ; j'ai été assez heureux pour avoir des preuves de l'exactitude de ce dessin.

Le P. Hélot avait pris des mesures pour envoyer au Conseil central cinquante livres de fruits (page 24); ils ne sont pas arrivés. Mais, au mois de janvier 1857, le P. Aymeri a adressé, de Chang-haï, à M. É. Tastet, une grande quantité de baies noires, qui, par leur aspect, par les fortes épines qui y sont mêlées, se rapportent sans aucun doute à cette espèce. Cet envoi est très-probablement celui que le P. Hélot avait annoncé [1].

J'ai reçu moi-même de Chang-haï, au mois d'avril 1857, quelques fruits pareils, accompagnés, comme ceux-là, d'é-pines. Celles que le peintre chinois a figurées donnent bien l'idée de ces épines fortes, dures, aiguës et assez longues.

Le Dr W. Lockhart a adressé de Chang-haï à M. Daniel Hanbury des rameaux qui provenaient, lui écrivait-il, du lo-chou cultivé [2]; ils appartiennent au *Rhamnus* que M. Fortune affirme aussi être l'espèce cultivée, et dont il a apporté plusieurs pieds en Angleterre. Ces plants sont dans le jardin du docteur Lindley à Acton Green et chez M. Glendinning, pépiniériste à Turnham Green.

M. Decaisne a examiné les feuilles que M. Hanbury m'a remises, elles sont semblables à celles du *hong-pi-lo-chou*, dessiné par Lao-san. M. van Houtte, le célèbre horticulteur de Gand, cultive de son côté un nerprun qu'on lui a donné pour celui qui fournit le *vert de Chine* [3], et M. Decaisne a encore constaté qu'il ne diffère en rien de celui du P. Hélot.

Le *hong-pi-lo-chou* a tous les caractères d'un arbrisseau sauvage; et, des deux espèces, celle-ci, évidemment, doit être regardée comme poussant sans culture. C'est l'opinion de M. Decaisne, c'est ce que dit le P. Hélot (page 23), et il faut croire que le rév. M. Edkins et M. Fortune ont été induits en erreur. Dans cette hypothèse, leurs indications concordent avec ce que nous savons déjà de cette espèce. Le *hong-pi-lo-*

1. M. É. Tastet a fait don à la Chambre de commerce de Lyon, en mars 1857, d'une certaine quantité de ces baies.
2. Des fragments d'un *Ficus* (*Ficus repens*, Willd.?) étaient mêlés à ces rameaux.
3. Ce nerprun vient de M. Fortune (Lettre de M. van Houtte du 17 octobre 1857); il est pareil à ceux d'Acton Green et de Turnham Green.

chou est, en effet, très-robuste, très-vigoureux, comme M. Mac Murray en fait la remarque à propos de l'arbuste cultivé, et M. Persoz a extrait des baies, ainsi que M. Fortune l'avait fait, une belle teinture jaune. Je ferai cependant observer que le R. P. Hélot, parlant du *pé-pi-lo-chou*, dans sa lettre du 27 avril 1857, dit, en P.-S. : « Cet arbuste n'est pas cultivé ; » tandis qu'il a écrit, dans le Mémoire sur le *vert de Chine* : « Le *hom-bi-lo-za* pousse en buisson et sans culture. » Nous saurons plus tard laquelle est la vraie, de ces deux indications opposées.

M. Decaisne a décrit, sous le nom de *Rhamnus utilis*, cette espèce qui rappelle, par la grandeur de son feuillage, le *Rhamnus hybridus* de nos jardins (voir la pl. I) :

« *Rhamnus dioicus ; ramulis cylindraceis, spinescentibus vel inermibus; foliis* 8-10 *centim. longis,* 3-4 *latis, oppositis allernis ve, elliptico-oblongis, apice obtusis aut acuminatis, basi parum attenuatis, margine denticulatis et ciliolatis , subtus puberulis, penninerviis, nervis pagina superiore impressis, inferiore prominulis; baccis magnitudine pisi majoris; nuculis obovoideis, compressis, longitrorsum sulcatis, opacis.* »

Le *hong-pi-lo-chou* étant connu, il devenait évident que l'autre espèce qui nous est parvenue est le *pé-pi-lo-chou*. M. de Montigny a possédé les deux arbrisseaux, il les avait envoyés tous deux dans des serres en France, où ils sont arrivés morts ; il n'est resté à Chang-haï, dans son jardin, que cette autre espèce qui n'est pas le *hong-pi-lo-chou*, celle qui, d'après tous les témoignages, est essentielle pour la teinture en vert. On l'appelle seulement *lo-za, lo-chou* ; c'est certainement le *pé-pi-lo-chou* du père Hélot, et ce que celui-ci rapporte à ce sujet, dans sa lettre du 6 avril 1857, ne laisse pas de doute.

J'insiste sur ce fait que, d'après le dire des Chinois, c'est à cet arbuste qu'est due la propriété la plus remarquable du *vert de Chine*, son éclat à la lumière artificielle. Le père Hélot parle du reflet magnifique que l'on n'obtient qu'avec le bain

4

de *pé-pi-lo-chou*. A Azé, on lui assura qu'on prépare le *lo-kao* avec l'écorce de *pé-pi*, et le teinturier de Khiu-tchéou-fou [1], que le zélé missionnaire a interrogé, a décrit un procédé de teinture de la soie et du coton avec le *pé-pi* seul. Il paraîtrait, enfin, si l'on peut ajouter foi à des indications chinoises bien confuses, que le *pé-pi* donne, seul, soit du violet, soit du bleu, soit du vert; avec la chaux ou l'alun, un *lo-kao* particulier, et sur toile, un vert d'eau *très-azuré ;* que le *hong-pi* fournit du jaune pour verdir la couleur ; que l'infériorité de qualité du *lo-kao* a pour cause soit l'impureté soit la présence de trop de jaune.

J'ai introduit le *pé-pi-lo-chou* en Europe. J'en ai reçu des graines en deux fois : j'ai donné les premières à M. de Montigny et à Madame Bizot-Desgrand, et les secondes, à M. Decaisne, à sir W. Hooker, et à MM. A.-F. Michel, Seringe, Paillet, D. Hanbury, Bleekrode et van Houtte.

M. Rémi m'avait envoyé un peu auparavant, au mois d'août 1853, une branche chargée de graines qui n'étaient pas à maturité ; il en a été fait un dessin, et des fragments de ce rameau ont été conservés. Plus tard, M. Mollien, consul de France à la Havane, de retour, en janvier ou février 1854, d'un voyage en Chine, rapporta des exemplaires de ce même *lo-chou;* ils avaient été recueillis avec peu de soin et étaient en mauvais état.

Cependant, les graines plantées à Lyon, en février 1854, avaient levé, et une vingtaine d'arbrisseaux poussaient en pleine terre, sur une colline battue par le vent [2]. Ils ont fleuri tous dans les premiers jours du mois de mai de 1857. M. Decaisne décrivit l'espèce d'après une branche en fleurs, cueillie le 19 mai par M. A.-F. Michel, sur le pied qu'il cul-

1. Khiu-tchéou-fou, chef-lieu d'un département du Tché-kiang, est par 29° 3′ lat. N. et 116° 44′ long. E.
2. M. Bleekrode a signalé, le premier, cette petite plantation. Voy. *De Volksvlijt,* sept. et oct. 1856, p. 420.

tive, depuis avril 1856, à sa campagne d'Irigny près de Lyon. M. Decaisne n'a pas seulement examiné les graines des deux envois, les arbustes provenant de ces graines, les rameaux envoyés en 1853 et en 1854; il a trouvé dans l'herbier de Mademoiselle de Montigny plusieurs exemplaires parfaitement caractérisés. Il ne pouvait rester de doute dans son esprit.

En admettant, comme je l'ai indiqué plus haut, que M. Fortune ait été mal renseigné sur la distinction à faire entre les deux espèces, l'observation de M. Mac Murray, relative à l'arbrisseau sauvage, s'applique bien au *pé-pi-lo-chou* : il a des feuilles plus petites et une constitution plus délicate que l'autre. M. Fortune a tiré des baies une teinture purpurine ou violette de très-belle apparence; on verra plus loin que les fruits du *lo-chou* du jardin de M. de Montigny ont donné à MM. Édan et Rémi une matière d'un vert très-riche.

Le *pé-pi-lo-chou* est aujourd'hui le *Rhamnus chlorophorus* de M. Decaisne (voir la planche II) :

« *Rhamnus dioicus ; ramulis cylindraceis, cinereis, apice spinescentibus et pube brevi inspersis ; foliis 3-5 centim. longis, 2-3 latis, alternis oppositisve, breviter petiolatis, ovalis, acuminatis, basi cuneatis, denticulatis, subtus puberulis, supra glabris, nervis in pagina superiore impressis, in inferiore prominulis ; stipulis lineari-setaceis membranaceis ; floribus masculis binis v. quaternis ; calycis tubo infundibuliformi, laciniis lanceolato-attenuatis, reflexis, vix puberulis ; petalis obovatis, membranaceis, stamina longitudine subæquantibus ; ovarii abortivi stylis binis obtusis ; baccis nigris, globosis, magnitudine pisi minoris ; nuculis obovoideo-rotundatis cylindraceisve, dimidio inferiore sulcatis, nitidis.* »

Une remarque s'applique aux deux espèces nouvelles et peut-être à plusieurs autres du genre *Rhamnus*, c'est que généralement les extrémités de leurs rameaux sont épineuses ou

molles, suivant les localités, et que par conséquent les caractères tirés de la présence ou de l'absence des épines n'ont
qu'une faible valeur pour la détermination des espèces. Les
rameaux des exemplaires de l'herbier de Mademoiselle de Montigny se terminent par des épines longues, dures, aiguës, et
les épines des plants cultivés à Lyon sont peu sensibles.

En résumé, le *hong-pi-lo-chou* est le *Rhamnus utilis*, c'est
l'espèce sauvage, d'après le P. Hélot, et l'espèce cultivée,
suivant le rév. M. Edkins et M. Fortune; le *pé-pi-lo-chou* est le
Rhamnus chlorophorus, c'est l'espèce cultivée, selon le P. Hélot,
et l'espèce sauvage, d'après MM. Edkins et Fortune [1]. Le premier a été introduit par M. Fortune, et le second par moi.

La Chambre de commerce de Lyon a inséré dans sa seconde
publication [2] une note que je lui ai adressée sur l'origine
des graines de *lo-chou* plantées à Lyon. Il s'est glissé dans
cette note une erreur que je ne saurais négliger de relever. Il
faut lire, page 39, ligne 24, *Rhamnus tinctorius* et non pas
Rhamnus Sinensis. Le *Rhamnus Sinensis* n'existe pas [3]. M. Decaisne jugea au premier examen que la branche appartenait à
un arbuste très-voisin de l'espèce décrite par Waldstein et
Kitaibel sous le nom de *Rhamnus tinctorius* [4], sans pouvoir
décider alors, en l'absence de fleurs, si c'était une variété ou
une espèce nouvelle. J'écris en ayant sous les yeux des lettres

1. M. le docteur Lindley avait pensé, à première vue, que le *hong-pi-lo-
chou* était le *Rhamnus cornifolius*, Boissier et Hohenacher; il a abandonné
cette opinion depuis que cette plante a été décrite par M. Decaisne. Mais il est
d'avis que le *Rhamnus chlorophorus*, Decne, est identique avec le *Rhamnus
globosus*, Bunge.

2. *Concours pour la recherche du vert de Chine dans les végétaux indigènes et
exotiques*, 1857, p. 39 et 40.

3. Du moins, aucun *Rhamnus* de ce nom n'est inscrit dans les répertoires de
botanique; Plukenett cite, sans le décrire, un *Rh. Sinensis* à fleurs bleues, du
rivage de l'île de Tchou-san.

4. Fr. Comte Waldstein, et P. Kitaibel, *Descriptiones et Icones plantarum
rariorum Hungariæ*, 1802-1812, vol. III, pl. 255, p. 283 et 284.

du savant M. Decaisne, datées de 1854; les faits ont prouvé la justesse de sa première indication. Il y a au Jardin des Plantes un fort beau *Rhamnus tinctorius*, il est facile de s'assurer de la ressemblance de cet arbre avec le *Rhamnus chlorophorus;* celui-ci ne s'en éloigne sensiblement que par la forme du calice.

M. Seringe a décrit le *hong-pi-lo-chou,* d'après le dessin de Lao-san, sous le nom de *Rhamnus Sinensis.* Je rappelle que M. Decaisne a appelé cette espèce *Rhamnus utilis.*

Les deux nerpruns dont je viens de parler sont-ils les seuls qui donnent le *vert de Chine?* on l'ignore. Les Chinois attribuent à d'autres espèces du même genre la même propriété tinctoriale.

J'omets de parler de diverses plantes, connues ou inconnues, que quelques personnes affirment, sans preuves suffisantes, être les véritables *lo-chou.*

V.

Des localités où croissent les Lo-chou.

Tout fait supposer, mais on ne saurait encore l'affirmer, que nos deux nerpruns sont ceux dont l'acclimatation est tant désirée; on a des graines et des plants : il convient d'examiner quel climat est le plus favorable à leur culture.

Le *hong-pi-lo-chou* croît dans les plaines fertiles des environs d'A-zé, dans le Tché-kiang (P. Hélot); on rencontre le *houong-pi-lo-chou* à Tsoh-kaon-pang (R. M. Edkins); le *ma-li* est très-commun dans les montagnes de l'arrondissement de Hi-tchéou (P. Aymeri). Ces trois indications s'appliquent à l'espèce sauvage.

Quant à l'espèce cultivée, elle abonde dans les montagnes de Khiu-tchéou-fou, dans celles du sud-ouest du Tché-kiang et du Chan-toung (P. Hélot), dans les environs de Hang-tchéou-fou, de Kia-hing-fou et de Ning-po (R. M. Edkins). Le

P. Hélot fait la remarque (page 24) que les fagots de *pé-pi-lo-chou* sont apportés à A-zé de plus de quarante lieues, ce qui ne s'accorde pas avec les indications du rév. M. Edkins et du teinturier de Khiu-tchéou-fou.

D'autres rapportent que le *lo-chou* (sans désignation d'espèce) se trouve aux environs de Sou-tchéou-fou et de Ka-chin, dans des terrains marécageux (M. Arnaudtizon), près de Tcha-fou-pan (M. Édan), à Sou-tchéou et à É-mouï (M. Carvalho), à peu de distance de Sou-tchéou (M. Rémi), entre Hang-tchéou-fou et Hou-tchéou-fou. Enfin, le *lo-tsé*, mentionné par M. Sinclair, pousse en abondance à Tung-chunchow, dans le Fo-kien.

Sachons d'abord à quelle espèce appartient le *lo-tsé* que j'ai cité en dernier lieu. La seule donnée que me fournisse la note de M. Sinclair, c'est le prix : il dit que l'on peut avoir de grandes quantités d'écorce à raison de 5000 sapèques le picul, soit à peu près 46 francs les 100 kilogrammes. C'est précisément le prix de l'écorce de *pé-pi-lo-chou*. A A-zé, le *hong-pi-lo-chou*, en fagots, vaut environ 8 francs 50 centimes les 100 kilogrammes, et le *pé-pi-lo-chou* environ 24 francs 75 centimes. Comme on estime que 100 livres de fagots donnent 50 livres d'écorce, il faut doubler les prix ci-dessus pour avoir ceux des écorces, savoir : 17 francs les 100 kilogrammes pour le *hong-pi-lo-chou* et 49 francs 50 centimes pour le *pé-pi-lo-chou* [1]. On est donc fondé à supposer que celui-ci est l'arbuste que l'on cultive dans le Tung-chunchow.

Mais il n'y a pas d'arrondissement de ce nom dans le Fo-kien et dans aucune province de Chine. Ce doit être une faute d'impression, et il faut lire Young-tchun-tchéou. Cet arrondissement est dans la partie méridionale du Fo-kien [2].

Ainsi, le *pé-pi-lo-chou*, ou *Rhamnus chlorophorus*, serait cul-

1. Père Hélot, p. 24 et 25.
2. Éd. Biot, *Dictionnaire des villes et arrondissements de la Chine*, p. 298. — *The Chinese Repository*, vol. XIII, p. 533.

tivé depuis le 25ᵉ jusqu'au 36ᵉ degré de latitude N., et principalement du 30ᵉ au 31ᵉ degré.

Le *hong-pi-lo-chou,* ou *Rhamnus utilis,* est signalé au 39° de
latitude N. et se rencontre jusqu'au 30°. Ce nerprun paraît en
effet plus robuste que le premier, et pouvoir supporter les
froids rigoureux du Tchi-li.

Il est évident que les deux espèces se trouvent en abondance
au nord de la province de Tché-kiang, dans un rayon de près
de quinze lieues carrées dont je vais tracer les limites. Bar-
row avait remarqué, sur les rives du lac Si-hou, des nerpruns
mêlés aux rosiers, aux cotonniers, aux lilas, aux géné-
vriers, etc. (page 355).

Ning-po, chef-lieu du département de ce nom, province de
Tché-kiang, un des ports ouverts au commerce étranger,
est par 29° 55′ de latitude N. et 119° 6′ de longitude E.
Kia-hing-fou, également chef-lieu de département, et dans la
même province, est par 30° 53′ de latitude N. et 118° 13′ de
longitude E. Tsoh-kaou-pang est à deux ou trois milles de
Wang-tien, et cette petite ville est à quelques milles au sud de
Kia-hing-fou. « C'est aux environs de Tcha-fou-pan, écrit
M. Édan[1], que le *lo-za* est le plus abondant, » et, selon lui,
Tcha-fou-pan est un gros bourg peuplé presque en entier de
chrétiens, situé dans le Tché-kiang, à soixante-dix lieues de
Chang-haï. Il y a certainement erreur dans l'indication de
cette distance[2], et si le Tcha-fou-pan de M. Édan n'est pas le
Tsoh-kaou-pang du rév. M. Edkins, il doit en être très-rap-
proché. Le P. Hélot, en parlant d'une grande chrétienté qui
est près d'A-zé, fait sans doute allusion à ce bourg. A-zé est
un gros bourg, à six ou huit lieues au S. de Kia-hing-fou :
ce qui le place entre les villes de Haï-ning et de Haï-yen,
toutes deux chefs-lieux d'arrondissement; la première, par
30° 28′ lat. N. et 118° 6′ long. E., et la seconde, par 30° 35′

1. Lettre du 10 décembre 1853.
2. Il faut lire probablement 70 *li* ou 7 lieues, au lieu de 70 lieues.

lat. N. et 118° 20' long. E. Le nom correct d'A-zé est peut-être Haï-tsui. — Hou-tchéou-fou est par 30° 53' lat. N. et 117° 36' long. E., et Hang-tchéou-fou, par 30° 20' lat. N. et 117° 48' long. E.; l'un et l'autre sont des chefs-lieux de département de la province de Tché-kiang. Enfin, Sou-tchéou-fou, chef-lieu d'un département du Kiang-sou, est par 31° 23' lat. N. et 118° 9' long. E. [1].

Ce petit territoire a pour limites, au N., le 31° 23'; au S., le 29° 55'; à l'E., le 118° 20'; à l'O., le 117° 36'.

C'est sans contredit le point de la Chine qui offre le plus d'intérêt pour Lyon. Les magnaneries, les filatures, les moulins et les fabriques les plus renommés sont réunis dans les départements de Hang-tchéou et de Hou-tchéou. Ce dernier département produit les soies gréges et moulinées les plus estimées de l'empire, notamment les soies de Nan-tsin [2] ou de Hou, qui se divisent en trois qualités bien connues à Lyon, les *tsi-li* ou *tsat-lee* [3], les *youen-hoa* ou *yune-fa* (jardin-fleur), les *ta-tsan* ou *tay-saam* (grands vers à soie) [4].

Voici maintenant la distance, à vol d'oiseau, qu'il y a de Chang-haï à chacune des villes ci-dessus; je compte par *li*, et 10 *li* font une lieue :

1. Les latitudes et les longitudes ont été prises dans le *Dictionnaire* de Éd. Biot.

2. On doit dire *soies de Nan-tsin* et non pas *soies de Nan-king*. Nan-tsin n'est pas un des quartiers de Hou-tchéou-fou, comme M. I. Hedde l'indique (*Desc. méth.*, p. 154); c'est une grande ville ouverte, populeuse et riche, qui est assise sur les deux rives d'un large canal, à quelque distance de Hou-tchéou-fou. Il s'y fait un commerce de soies considérable. On lit sur des étiquettes de balles de soie : « .... Tchang-si, demeurant au midi de Nan-tsin, dépendant de Hou-tchéou-fou.... » — « La maison de commerce Tchang-youe-pong...., située dans la rue du Marché-aux-Soies, dans la ville de garnison de Nan-tsin.... »

3. *Tsi-li*, littéralement sept *li*, ou sept dixièmes de lieue. M. Hedde traduit par sept cocons (*Desc. méth.*, p. 154). Il est plus probable qu'on appelle ainsi cette soie du nom d'un bourg du Tché-kiang, renommé par ses filatures.

4. Dr W. Williams, *A Chinese commercial Guide*, 1856, p. 185.

De Chang-haï à Sou-tchéou-fou,	100 *li*.
— à Kia-hing-fou,	115
— à Haï-ning-hien,	165
— à Hou-tchéou-fou,	190
— à Ning-po-fou,	215
— à Hang-tchéou-fou,	225

Kia-hing-fou est à 62 *li* de Haï-ning et à 145 *li* de Ning-po ; Hang-tchéou-fou n'est qu'à 90 *li* de Ning-po[1].

Le climat de cette partie si fertile du Tché-kiang et du Kiang-sou se rapproche de celui du midi de la France ; on y cultive le mûrier, la vigne, le pêcher, l'oranger, le jujubier, l'amandier, le prunier, le camphrier, l'ébénier, le chanvre, la canne à sucre, le blé, le riz, le sésame, le tabac, etc.[2]. Il n'est pas douteux que les deux espèces de *lo-chou*, dont l'une supporte le climat des environs de Pé-king[3], et l'autre celui des montagnes du Chan-toung, ne s'acclimatent parfaitement en France.

VI.

Des espèces de Nerprun qui ont été signalées en Chine.

On fait beaucoup de recherches sur l'écorce et le fruit des nerpruns, et il n'est pas hors de propos d'indiquer les espèces que l'on a trouvées en Chine. Le nombre en est petit, et plusieurs doivent être rapportées au genre *Zizyphus*.

---

1. J'ai compté ces distances sur la carte de Klaproth (1842). On peut consulter les cartes du Tché-kiang et du Kiang-nan, données par Du Halde (*Descr. de la Chine*, vol. I, p. 127 et 173), et la grande carte chinoise de l'empire sous la dynastie actuelle.

2. *The Chinese Repository*, vol. XI, p. 171.—Il y a des renseignements précis sur le climat de Chang-haï, dans *A Chinese commercial Guide*, 1856, p. 261.

3. Voir, sur le climat du Tchi-li, les *Mémoires concernant les Chinois*, t. II, p. 339 à 342 ; t. XI, p. 183 à 186.

Rhamnus crenatus, Siebold et Zuccarini ; Japon (Hoffmann et Schultes, *Journ. asiat.*, 4ᵉ série, tome XX, page 323).

Rhamnus globosus, Bunge ; Chine septentrionale[1].

Rhamnus lineatus, Lour., *Berchemia Loureiriana*, Decand.; Chine (Osbeck, *Voyage to China*, 1771, tome I, page 353, pl. 7 ; tome II, page 345) ; Cochinchine (Loureiro, tome I, page 159).

Rhamnus theezans, Linn., *Rh. thea*, Osb., *Sageretia theezans*, Br.; Chine (Osbeck, tome I, page 375, et tome II, page 245 ; *Account of China*, vol. III, page 355).

Rhamnus agrestis, Lour., *Zizyphus agrestis*, Schultes ; Cochinchine (Loureiro, tome I, page 158 ; *Dict. anam.-lat.*, page 633).

Rhamnus œnoplia, Linn., *Zizyphus œnoplia*, Miller ; Chine (Osbeck, tome I, page 386, et tome II, page 345).

Rhamnus soporifer, Lour., *Zizyphus soporifera*, Schultes ; Chine (Loureiro, tome I, page 158 ; *Account of China*, vol. III, page 355).

Il faut ajouter à cette liste :

Le *Rhamnus utilis*, Decne. ;
Le *Rhamnus chlorophorus*, Decne. ;
Une espèce nouvelle, voisine du *Rh. chlorophorus*, qui est dans l'herbier de Mademoiselle de Montigny (*Rhamnus bapticus*, Decne.).

Enfin, Plukenett décrit trois nerpruns, provenant, l'un, de l'île de Tow-whey-san, l'autre, *Rh. Cheusanensis*, de l'île de Tchou-san, qui ont, d'après lui, quelque ressemblance avec le *Rh. catharticus*, Linn.; le troisième, *Rh. Sinensis*, *flore cœruleo*, de l'île de Tchou-san (*Amaltheum botanicum*, 1705, page 182, pl. 408, fig. 2 et 4, page 183).

1. Voy. la note de la page 52.

VII.

Des organes du Lo-chou qui produisent le Vert de Chine.

On ne sait pas encore d'une façon positive si le *lo-kao* est extrait de l'écorce, du fruit, de la racine; cependant tout donne lieu de penser qu'il provient de l'écorce des branches, et sans doute aussi de l'écorce des racines.

Fleurs et Feuilles.

M. de Bourboulon écrivait de Macao à M. le Ministre des affaires étrangères, le 21 août 1852 : « Le Chinois qui a procuré cette laque à M. Forbes lui a affirmé qu'elle est le produit d'une fleur. » — M. Carvalho, de Canton (26 novembre 1852) : « Cette substance tinctoriale, extraite de la fleur et de la feuille d'un certain arbrisseau, nous arrive d'É-mouï et de Sou-tchéou-fou, en très-petites quantités à la fois. » Enfin, on a donné à Canton, en 1845, le même renseignement aux Délégués commerciaux [1].

Racines.

La Société d'agriculture de l'Inde a envoyé à M. Persoz un échantillon de toile verte chinoise, « teinte avec la matière colorante obtenue (selon elle) de la racine »; et M. Persoz s'est assuré que cette toile doit sa couleur au *vert de Chine.*

Écorces.

D'après M. Arnaudtizon, le bain qui sert à teindre en vert foncé les toiles est une infusion à chaud de l'écorce pilée. Le rév. M. Edkins a recueilli ses informations à Kia-hing-fou : « On met ensemble, dit-il, les écorces des deux espèces

1. *Commerce d'exportation de la Chine*, p. 199.

dans des chaudières de fer pleines d'eau; on fait bouillir fortement; on laisse la décoction en repos pendant trois jours; on la verse ensuite dans de grandes terrines, et l'on y trempe à plusieurs reprises les toiles de coton passées à la chaux. »

Le P. Hélot a consigné dans son mémoire tous les détails du travail. A A-zé, on se sert de l'écorce des deux espèces, mais on ne les mélange pas. « On procède à la teinture des toiles par sept à dix immersions dans la teinture du *hom-bi*, et l'on finit par trois immersions dans celle du *pa-bi*, en ayant soin de faire sécher chaque fois (page 26). » Le but est la fabrication du *lo-kao*. A Khiu-tchéou-fou, on se borne à teindre la toile, et l'on ne fait usage, à ce qu'il paraît, que de l'écorce du *pé-pi-lo-chou*.

Le P. Aymeri, parlant du procédé usité au Tchi-li, et M. Sinclair, décrivant celui qui est employé à É-mouï, ne font mention que de l'écorce; et M. Fortune écrivait à Calcutta : « C'est un premier pas que de s'être procuré la plante; c'en est un second de savoir que la teinture est tirée de l'écorce. »

Fruits.

« La couleur verte n'est pas faite avec la graine, qui cependant est une petite baie noire comme le cassis, mais qui, écrasée sur du papier blanc, le tache en vert. A A-zé, on ne fait aucun usage de cette graine (P. Hélot, page 32). »

« Les baies du *lo-za* ne sont bonnes à rien (P. Hélot, lettre du 6 avril 1857). »

Voici l'opinion de M. Édan : « Le fruit ou baie (du *lo-za*), qui renferme la graine, donne ce précieux indigo employé par les Chinois pour teindre les étoffes en un beau vert d'eau (10 décembre 1853). »

Vers la même époque, le 29 novembre 1853, M. Rémi m'écrivait : « On nous disait (à M. de Montigny et à M. Rémi) que l'indigo vert était extrait de l'écorce de l'arbre, tandis qu'il l'est du petit fruit de cet arbre, lequel fruit ressemble à un grain de raisin sauvage. M. Édan et moi nous avons récolté ce fruit, et nous en avons extrait l'indigo dont je vous envoie un échantillon [1] ».

Je dois dire de quelle manière MM. Édan et Rémi ont préparé cette substance qui leur a paru « d'un vert magnifique. » On a d'abord enlevé la pellicule et les pepins du fruit ; on a pressé le fruit pour en extraire le jus, et l'on a fait bouillir le jus pour le concentrer. « Les Chinois, ajoute M. Rémi, après avoir fait bouillir le jus, font sécher au soleil, en l'étendant sur du papier, la pâte qu'ils ont obtenue. »

Le passage suivant d'une lettre de M. Rémi, du 14 mars 1854, est non moins intéressant : « M. Édan et moi, nous avons obtenu un très-beau vert avec le fruit du *lo-za*, et nous n'avions pas pu parvenir au même résultat au moyen de l'écorce ; nous avons donc été induits à penser que la préparation de l'indigo vert au moyen du fruit, est la seule praticable et vraie. Mais dernièrement, M. Édan a reçu la visite du célèbre naturaliste anglais, M. Fortune, à qui M. de Montigny avait fait part des propriétés de cette plante, et qui avait recueilli auprès des Chinois de l'intérieur des renseignements conformes aux indications primitives. M. Édan profita de la présence de M. Fortune pour lui exprimer ses doutes touchant la véritable origine de l'indigo vert. M. Fortune répondit que réellement l'écorce du *lo-za* sert à former la matière colorante avec laquelle on teint les étoffes en vert, et que le fruit sert à obtenir une couleur verte employée dans la peinture. »

M. Rémi écrit encore, le 6 septembre 1855 : « L'écorce du *lo-za* mâle et celle du *lo-za* femelle donnent le vert propre à la teinture des tissus, et l'on tire du fruit le vert propre à la peinture à l'aquarelle et à l'huile. »

1. J'ai remis cet extrait à M. Barreswil, professeur de chimie à l'École municipale Turgot.

« Les Chinois, rapporte M. Fortune, s'accordèrent à m'informer que les graines étaient employées pour teindre le papier seulement, et que les tissus de coton et de soie étaient teints avec l'écorce. » Enfin, d'après une note que MM. Chartron, père, fils, et Monnier, de Lyon, ont reçue de Chine et communiquée à la Chambre de commerce, la première qualité de *lo-kao* serait faite avec la baie, et les autres qualités, avec la feuille ou l'écorce.

Les essais qui ont été faits jusqu'à ce jour, avec l'écorce et les feuilles du *Rhamnus chlorophorus*, avec les fruits du *Rhamnus utilis*, ne sont pas encore décisifs.

M. Persoz a extrait une teinture jaune de l'écorce du *Rh. chlorophorus* et des baies du *Rh. utilis*. Je ne connais pas le résultat des expériences de M. Barreswil sur la matière verte que, à Chang-haï, MM. Édan et Rémi ont tirée des fruits du *Rh. chlorophorus*. On a vu plus haut que M. Persoz n'a pas trouvé de traces de *vert de Chine* dans les extraits préparés avec les baies des deux espèces et envoyés par la Société d'agriculture de l'Inde.

L'accord des PP. Hélot et Aymeri, du rév. M. Edkins, de MM. Arnaudtizon, Fortune et Rémi, donne lieu de penser que ce sont les écorces des *Rh. chlorophorus* et *utilis*, l'écorce du premier surtout, qui donnent le *vert de Chine*, cette teinture verte si éclatante à la lumière artificielle. Les fruits, au moins ceux du *Rh. chlorophorus*, fournissent probablement une matière colorante verte, analogue au vert de vessie, et différant du *vert de Chine* proprement dit par sa couleur et ses propriétés.

Les baies, les feuilles et les écorces de plusieurs espèces de nerprun ont été l'objet d'essais nombreux ; plusieurs des plus récents ont été suivis de résultats curieux. Les fruits de trois de ces espèces sont employés en teinture depuis long-temps.

M. Michel[1] a obtenu des verts passables, mais qui ne s'embellissent pas à la lumière artificielle, avec les baies du *Rhamnus catharticus*, L., et celles du *Rh. alaternus*, L. Ses tentatives de teinture par le procédé chinois avec les écorces n'ont pas été sans succès, et l'ont conduit à une découverte qui ouvre une voie nouvelle aux recherches : l'étoffe, sortie du bain d'écorce avec une teinte nankin très-légère, mise le soir sur le pré, avait déjà pris de grand matin, bien avant d'avoir été frappée par les rayons solaires, une couleur verte assez intense ; cette coloration présente cette particularité qu'elle a lieu à la surface supérieure de l'étoffe, et que la partie inférieure, placée sur de l'herbe, qui permet cependant la circulation de l'air par-dessous, est à peine colorée, de sorte que l'étoffe a un envers et un endroit si marqués qu'on la croirait teinte à la brosse ou au rouleau. L'air humide, la rosée augmentent l'intensité de la nuance. M. Michel a poussé plus loin l'expérience. Après avoir plongé dans un bain d'écorce de nerprun deux coupons de calicot, il a étendu l'un dans une cave à l'abri de toute lumière, et a laissé l'autre une nuit sur le pré ; le lendemain, le premier ne présentait aucune coloration, et le second avait, comme il vient d'être dit, la face supérieure fortement colorée[2].

Les fruits d'un nerprun ont donné, sur soie, à M. Persoz, un joli lilas.

Les baies vertes du *Rh. infectorius*, L. (graine d'Avignon)[3], du *Rh. saxatilis*, L. (graine de Perse[4]), du *Rh. alaternus*, L.[5],

1. Rapport du 8 janvier 1857, p. 10.
2. Essais faits en juin, juillet et août 1857.
3. Bancroft, vol. II, p. 106 et 107. Leuchs, t. I, p. 434 à 436. Gonfreville, *Teinture des laines*, p. 505. Guibourt, t. III, p. 495. D\u02b3 Lindley, *Vegetable Kingdom*, p. 582. Le prof. Bleekrode.
4. Bancroft, vol. II, p. 107. Brongniart, p. 38.
5. Leuchs, t. I, p. 437.

et du *Rh. amygdalinus*, Desf.[1], contiennent une couleur jaune[2]. Les fruits du *Rh. frangula*, L., arbrisseau très-commun dans le Lyonnais et que l'on appelle vulgairement *bourgène* ou *bourdaine*, ces fruits, dis-je, cueillis avant la maturité, en juillet et août, teignent en jaune brillant et solide, selon Dambourney et Leuchs[3], en vert, d'après Buch'oz[4], et, quand ils sont mûrs, en septembre et octobre, ils teignent en bleu-pourpre, sans mordant, et en vert, en violet, en bleu–violet, en bleu, suivant le mordant dont on fait usage[5]. Dambourney a eu, sur laine, avec le suc des baies mûres et fermentées, des verts assez beaux et très-solides, depuis le vert-pomme jusqu'au vert-canard[6]. La matière colorante des baies du *Rh. infectorius* est jaune, avant qu'elles ne soient mûres, et rouge-pourpre foncé, dès qu'elles sont flétries[7]. Buch'oz signale une particularité semblable dans les fruits du *Rh. catharticus;* ils donnent, avant la maturité, un jaune-safran; à la maturité, un vert bien connu, le vert de vessie; plus tard, un écarlate[8]. Les baies vertes et séchées du *Rh. tinctorius* ont, au rapport de Waldstein et Kitaibel, des propriétés tinctoriales pareilles à celles des fruits du *Rh. catharticus*, mais sont plus estimées des teinturiers.

L'écorce intérieure du *Rh. infectorius* teint en jaune, tant qu'elle est fraîche; en rouge-brun, quand elle est sèche[9]; l'écorce sèche du *Rh. frangula* donne une couleur brune ou

1. Brongniart, p. 38.
2. Les baies du *Rh. infectorius* et du *Rh. tinctorius* renferment, avant la maturité, de la chrysorhamnine, et, après la maturité, de la xanthorhamnine (Kane); mais il n'y a pas de rhamnoxanthine.
3. Dambourney, p. 56. Leuchs, t. I, p. 436 et 437.
4. Buch'oz, p. 124 : « Les baies, cueillies avant leur maturité, donnent une couleur verte propre à la teinture des cuirs. »
5. Leuchs, t. I, p. 436 et 437. D'après Guibourt, on extrait de ces baies du vert de vessie (t. III, p. 495).
6. Dambourney, p. 59 à 72.
7. Leuchs, t. I, p. 434.
8 Buch'oz, p. 133. Brongniart, p. 38.
9. Leuchs, t. I, p. 434.

rouge foncé[1], et, fraîche, elle fournit une teinture jaune[2]. M. Buchner, de Munich, a tiré de l'écorce de la racine de ce nerprun une matière colorante jaune et volatile, qu'il a nommée *Rhamnoxanthine*; elle se trouve en moindre quantité dans les fruits et l'écorce du bois, ainsi que dans l'écorce et les graines du *Rh. catharticus*. Les alcalis la dissolvent en produisant une couleur pourpre magnifique[3]. Dambourney a obtenu un olive assez vif, sur laine, avec la racine de la bourdaine[4].

L'écorce du *Rh. catharticus*[5] et celle du *Rh. alaternus*[6] teignent en jaune; le bois de cette dernière espèce teint en bleu foncé[7], et la racine du *Rh. infectorius*, en brun[8].

Enfin, on obtient avec les feuilles du *Rh. alaternus* une couleur jaune[9], et avec celle du *Rh. frangula* un jaune verdâtre[10].

On aura remarqué que le bois du *Rh. alaternus* donne une couleur *bleu foncé*, et que l'écorce fraîche du même nerprun et des *Rh. catharticus, frangula, infectorius*, contient une matière colorante *jaune*. Le mélange de copeaux du premier et des écorces doit produire du *vert*. Je signale le fait pour montrer que la préparation du *vert de Chine*, telle que l'indique le P. Hélot, est possible, et, si j'ai cité tant d'expériences faites sur les nerpruns, c'est pour rappeler l'existence d'un principe volatil et les évolutions, à peu près les mêmes dans les différentes espèces, de la matière colorante, du rouge

---

1. Leuchs, t. I, p. 437.
2. Buch'oz, p. 124. Leuchs, t. I, p. 437. Guibourt, t. III, p. 495.
3. *Journal de pharmacie et de chimie*, 3ᵉ série, 1853, t. XXIV, 50 p. à 53.
4. Dambourney, p. 55.
5. Guibourt, t. III, p. 494. Voir Dambourney, p. 161, pour les essais faits avec les branches fraîches, le bois sec et les jeunes pousses.
6. Leuchs, t. I, p. 437.
7. *Idem*.
8. Leuchs, t. I, p. 434.
9. Leuchs, t. I, p. 438.
10. Leuchs, t. I, p. 437. M. Bleekrode dit : «Avec les feuilles de nerprun, on peut teindre en vert, mais cette couleur n'est pas solide (*De Volksvlijt*, 1856, nᵒˢ 9 et 10, p. 420). »

5

au violet, au bleu, au vert, au jaune. Le *lo-kao* possède de semblables propriétés.

Il est probable que le *vert de Chine*, ce vert si remarquable à la lumière, est formé d'un bleu et d'un jaune, qui ont chacun séparément la même propriété, et se trouvent réunis dans l'écorce du *Rh. chlorophorus*. Je dirai plus loin, en m'occupant du *hoang-tchi*, le fruit d'un *Gardenia*, et du *hoaï-hoa*, le bouton de la fleur du *Styphnolobium Japonicum*, que je soupçonne que la couleur jaune complémentaire provient quelquefois de l'une ou de l'autre de ces substances[1], au lieu d'être tirée de l'écorce d'une autre espèce de nerprun.

VIII.

Du prix des écorces de Lo-chou et du Lo-kao.

Écorces de lo-chou.

A A-zé, le *hong-pi-lo-chou*, en fagots, coûte 1000 sapèques les 100 livres chinoises, soit environ 8 fr. 50 cent. les 100 kil., et le *pé-pi-lo-chou*, 3000 sapèques les 100 livres, ce qui correspond à près de 24 fr. 75 cent. les 100 kil. Le P. Hélot suppose que si le dernier se vend plus cher, c'est qu'il vient de plus loin. Comme on estime que 100 livres de fagots donnent 50 livres d'écorce, il faut doubler les prix précédents pour avoir ceux des écorces, savoir : 17 fr. 50 les 100 kil., pour l'écorce de *hong-pi-lo-chou*, et 49 fr. 50 cent. pour celle de *pé-pi-lo-chou*.

A É-mouï, on paye l'écorce de *lo-tsé* environ 5000 sapèques le picul, c'est la parité de 46 fr. les 100 kil., et j'ai fait, plus haut, la remarque que ce prix est, à peu de chose près, le même que celui de l'écorce de *pé-pi-lo-chou*, à A-zé.

---

1. Depuis que j'ai exprimé cette opinion, j'ai appris de M. le professeur Bleekrode, de Delft, un fait qui tend à la confirmer : « On nous a communiqué de Chine, m'écrit-il (30 septembre 1857), que les toiles grossières de coton sont premièrement teintes avec le *hoaï-hoa*, avant d'être teintes avec le *lo-kao*. »

Dans la province de Tchi-li, les teinturiers achètent les
100 livres de fagots de nerprun sauvage, 2000 sapèques,
soit 5 fr. 70 cent. les 100 kil., ou environ 11 fr. 40 cent.
les 100 kil. d'écorces.

Lo-kao.

A A–zé, 10 onces de *lo-kao* ont coûté 15 piastres au
P. Hélot; 12 piastres en étaient le prix, deux jours avant son
arrivée à A–zé, et il ajoute qu'un négociant français de
Chang-haï avait payé, à Sou-tchéou-fou, 19 taels d'argent la
livre chinoise.

Voici le résumé des prix d'achat en Chine que je connais.
J'ai eu soin de tenir compte du change qui a beaucoup
haussé de 1845 à 1857.

Cette hausse s'est produite surtout dans les cinq dernières
années. Le change sur Londres, qui était à Canton de 4 shillings par piastre, en mars 1849, a atteint 5 shillings 10 de-
niers, en août 1853. A Chang-haï, la moyenne a été de 4 sh.
9 d. en 1850; de 5 sh. 1 d. en 1851; de 5 sh. en 1852; de
6 sh. 3 d. en 1853; de 6 sh. 6 d. en 1854 et 1855; de 7 sh.
$\frac{1}{2}$ d. en 1856; elle est de 6 sh. 10 d. $\frac{1}{2}$ pour les dix premiers
mois de 1857.

La monnaie de change est aujourd'hui, à Chang-haï, pour
le papier sur Londres, indifféremment la piastre ou le tael[1] :
la hausse a rendu momentanément équivalentes, dans ce cas,
ces deux monnaies si différentes.

1. « L'argent n'est plus monnaie à la Chine, a dit Voltaire; le poids et le
titre en font le prix.* » Cela est toujours vrai; le tael est un poids, un poids
d'argent fin, qui est exactement de 37 grammes 79. Le tael qui est en usage
à Chang-haï est de 34 grammes 3. Les comptes étaient réglés naguère sur le
pied de 715 à 720 taels pour 1000 piastres.

* *Essai sur les mœurs et l'esprit des nations*, édit. Desoer, 1817, t. IV, p. 129.

DATE de l'achat ou du renseignement.	NOM DE L'ACHETEUR ou origine du renseignement.	VILLE où le prix a été constaté.	INDICATION des qualités.	PRIX du catty ou liv. chin.[1]	VALEUR de la piastre en francs, au change de l'époque[2].	PRIX du kilogr.
				Pi. c.	Fr. c.	Fr. c.
1845. Janvier à juillet..	Les Délégués commerciaux en Chine......... (Com. d'Export. de la Chine, p. 199.)	Canton.....	....	24 »	C. 5 65	224 »
17 août..	Achat de M. N. Rondot........	Idem......	....	28 »	» 5 50	255 »
1852. 21 août..	Dépêche de M. de Bourboulon.....	Canton.....	....	35 »	C. 6 25	362 »
25 déc...	Achat de MM. Carvalho et Cie.....	Idem......	1re, de Sou-tchéou-fou.	48 »	» 6 40	508 »
1853. 16 janvier			2e, d'-Émouï........	32 »	» 6 40	339 »
	Lettre de M. Arnaudtizon......	Chang-haï..	....	20 15	S. 6 85	228 »
2 mai...	Lettre de M. Carvalho........	Canton.....	1re, de Sou-tchéou-fou.	40 »	C. 6 50	430 »
			2e...............	36 80	» 6 50	396 »
			3. d'-Émouï.........	32 »	» 6 50	344 »
9 juillet.	Achat de M. Rémi.	Chang-haï...	....	21 60	S. 8 75	313 »
1856. avril.	Lettre de M. Rémi.	Idem......	....	22 »	S. 8 50	309 »
août..	Note du P. Hélot.	A-zé......	....	19 20	» 9 »	286 »
Idem..	Achat du P. Hélot.	Idem......	..,...........	24 »	» 9 »	357 »
Idem...	Achat d'un négociant français....	Sou-tchéou-fou.......	....	26 50	» 9 »	394 »
1857. 14 mai...	Achat d'un négociant anglais....	Chang-haï...	....	24 »	S. 9 40	373 »
15 juin...	Achat d'un négociant français....	Idem......	....	25 »	» 9 40	389 »

1. Le catty ou livre chinoise est de 604 gr. ½.
2. Change, à Canton (C.) ou à Chang-haï (S.), pour traites de 1re classe sur Londres, à 6 mois de vue.

Pour établir le prix de revient à Lyon, il faut ajouter au prix d'achat, l'emballage, le frêt et l'assurance de Chang-haï à Hong-kong et de Hong-kong à Marseille, la commission d'achat à Chang-haï et celle de transit à Hong-kong et à Marseille, les frais dans ce dernier port, les droits, le transport de Marseille à Lyon, les menus frais. Je ne crois pas me tromper de beaucoup en évaluant tout cela à 10 ou 12 pour cent.

Le prix de vente à Lyon a varié, notamment dans les derniers temps; il s'est élevé jusqu'à 750 fr. le kilo, et est tombé à 250 fr.; on a payé le plus souvent le *lo-kao* de 400 à 500 fr. le kilo.

Un mot sur les qualités de *vert de Chine*. Celui qui vient de Sou-tchéou-fou, écrivait M. Carvalho, est le plus recherché à Canton; celui que l'on reçoit d'É-mouï est très-inférieur au précédent, il donne un vert moins bleu, mais cette couleur a moins d'éclat, et, comme cette qualité est souvent impure, l'intensité de la nuance varie beaucoup. Il y a des *lo-kao* en partie solubles, et d'autres à peu près insolubles dans l'eau [1]. Les falsifications, très-rares autrefois, sont devenues, dit-on, assez communes.

IX.

De la teinture des toiles de coton avec les écorces.

M. Arnaudtizon, le P. Hélot et M. Sinclair ont décrit chacun le procédé de teinture.

M. Arnaudtizon. — On infuse l'écorce pendant quinze à vingt heures dans de l'eau que l'on prend chaude; la toile, plongée dans le bain à froid sans mordant, est étendue sur la terre, la nuit, pour éviter les rayons solaires et avoir une

---

1. M. Michel, premier rapport, p. 11.

température plus basse ; la gelée est même nécessaire ; le côté de l'étoffe qui a touché le sol est le plus foncé et forme l'endroit[1] ; on passe la toile dans le bain plusieurs fois.

Le P. Hélot. *Procédé d'A-zé.* — L'écorce fraîche[2] de *hong-pi-lo-chou*, d'abord bouillie, reste infusée pendant deux jours ; l'infusion de l'écorce fraîche de *pé-pi-lo-chou* dure dix jours. On opère avec deux bains séparés, on ajoute de l'eau de chaux à l'un et à l'autre. On plonge les toiles sept à dix fois dans le bain de *hong-pi*, ensuite trois fois dans celui de *pé-pi ;* on fait sécher après chaque immersion. On étend les toiles à la tombée de la nuit, mais l'action du soleil est indispensable. La toile n'est teinte que du côté qui a été exposé au soleil.

Procédé de Khiu-tchéou-fou. — On fait bouillir l'écorce fraîche de *pé-pi-lo-chou*, on ajoute 63 grammes de potasse chinoise par 100 kil. de liquide, et l'on plonge les toiles deux ou trois fois dans le bain ; on fait sécher au soleil après chaque immersion.

Il paraît que, dans le Chan-toung, on emploie l'alun, au lieu d'eau de chaux ou de potasse.

Si l'on opère à A-zé autrement qu'à Khiu-tchéou-fou, c'est que, dans cette dernière ville, comme dans le nord, on veut seulement teindre la toile, et le *pé-pi* suffit ; à A-zé, la teinture des toiles est le moyen de fabrication du *lo-kao*, les deux espèces de nerprun sont nécessaires, et le travail est plus dispendieux.

M. Sinclair. — A É-mouï, on met l'écorce de *lo-tsé* dans l'eau chaude, on fait bouillir pendant une heure, on ajoute de la potasse et de l'alun, on décante et l'on filtre, on laisse

1. Le P. Hélot et M. Sinclair disent le contraire.
2. L'écorce sèche ne donne plus de couleur, dit le P. Hélot ; le P. Aymeri écrit de son côté que les montagnards de l'arrondissement de Hi-tchéou font bien sécher l'écorce.

LIEOU-SÉ

(*liou-saï*).

[TOILE TEINTE AVEC LA] COULEUR [DE L'ARBRE] LIEOU.

TOILE DE COTON TISSÉE ET TEINTE EN CHINE.

La pièce a 6 mètres 30 centimètres de long, 38 centimètres 1/2 de large, pèse 467 grammes, et coûtait, à Chang-haï, en 1848, 3 fr. 30 c.

Échantillon donné par la Chambre de Commerce de Lille.

reposer pendant une nuit, on plonge les pièces dans le bain, on les étend sur le sol, à l'air libre, pour les faire sécher, mais le matin aux heures où le soleil est le moins ardent. On a soin de mettre l'envers de l'étoffe sur le sol. Il faut souvent faire passer dans le bain et faire sécher la pièce une vingtaine de fois, avant d'arriver à la nuance voulue.

Le lecteur remarquera plusieurs contradictions. Il est inutile de les relever, et quant aux objections que l'on a faites, je vais laisser parler M. Persoz et M. Mercer. Le premier m'écrit le 4 juin 1857 : « Les Chinois font dire au P. Hélot que c'est par de nombreuses immersions dans les infusions d'écorces qu'on parvient à teindre le calicot en vert. Or tous les spécimens que nous avons reçus de Chine prouvent que la couleur n'a pas pu y être fixée de cette manière, car ils présentent tous un endroit et un envers[1], caractères qui démontrent clairement qu'à moins d'avoir collé préalablement deux pièces l'une contre l'autre, la couleur a été déposée d'un seul côté, soit par le couteau, soit par la brosse ou tout autre moyen mécanique. Quoiqu'il ne soit pas fait mention de cette objection dans le rapport du P. Hélot, on voit que les Chinois ont voulu la prévenir en affirmant que les pièces saturées de matière colorante à la suite des immersions, sont exposées au soleil, sans lequel le vert ne peut se développer ni se fixer, et dès lors que, sur la surface qui n'a pas reçu l'action des rayons solaires, la couleur, ne s'étant pas fixée, est tombée au lavage et a produit ainsi l'envers que l'on constate dans tous les calicots verts teints en Chine. Il suffit d'exposer ces calicots au soleil pour se convaincre, par l'altération qui se manifeste dans la couleur, qu'elle n'a pu être formée et fixée dans de pareilles conditions. »

---

1. M. Michel a observé un endroit et un envers très-marqués sur les étoffes teintes par immersion dans un bain d'écorce de nerprun, et étendues la nuit sur le pré. L'endroit, c'est-à-dire le côté le plus foncé (violet ou vert), est celui qui a été exposé à l'action de la lumière, même nocturne (voy. p. 63).

M. John Mercer avait fait, il y a quelques années, de pareilles réflexions, et il adressa, le 29 octobre 1853, au
docteur Lyon Playfair une lettre dont j'extrais le passage
suivant :

« En examinant la toile verte de Chine que j'ai depuis
quelque temps et d'autres échantillons du même tissu que
j'ai reçus récemment, je remarque différentes nuances de
vert, et plusieurs d'un vert plus bleu que les autres. Il serait
difficile qu'il en fût ainsi, si ces toiles étaient teintes avec
une matière produisant directement le vert.

« Tous les échantillons de toile verte chinoise que j'ai vus
jusqu'à ce jour, présentent des places ou taches d'une couleur plus foncée, produites par un bleu-violet, rougeâtre à la
lumière, principalement au milieu. Il est probable que cette
teinture verte est obtenue avec cette matière colorante bleue
et du jaune, et que les taches en question sont dues à une
préparation imparfaite du bleu.

« Un morceau de cette toile verte mis dans un acide, lavé,
puis trempé dans une dissolution de carbonate de soude,
prend une couleur pourpre et quelquefois rougeâtre. Cette
toile, touchée avec le proto-chlorure d'étain, devient orange
vif ; lavée et plongée dans une solution de carbonate de soude,
elle devient d'un beau rose ; exposée à l'air, elle se réoxyde
et reprend sa couleur primitive, mais les taches rougeâtres
restent. Ces propriétés démontrent que le fond de la teinture
est cette même matière qui a donné lieu aux piqûres foncées
dont j'ai parlé.

« La toile teinte en *vert de Chine* a un côté beaucoup plus
foncé que l'autre, et aussi plus bleu. Pendant quelque temps,
j'ai pensé que cela pouvait provenir de l'habitude des Chinois d'étendre l'étoffe teinte et mouillée, sur le pré, entre huit
et neuf heures du matin, quand la terre est encore fraîche
et peut-être humide. Quand la teinture est soluble, l'évapo-
ration se faisant tout entière à la surface supérieure, le

liquide se dirigera de ce côté entraînant la couleur avec lui, et l'eau en s'évaporant laisse ainsi plus de couleur en dessus qu'en dessous ; en même temps, la chaleur du soleil pendant le séchage agit de telle sorte qu'il fixe légèrement la teinture, et fait en petit ce que la vapeur produit avec tant d'énergie. Mais ces suppositions n'expliquent pas les taches qui paraissent toutes à l'endroit, comme si le bleu, avec ou sans jaune, avait été étendu sur l'étoffe, grossièrement préparé, et dans un état pâteux, et cela au moyen de quelque procédé mécanique. Si cette manière de voir est vraie, ces toiles n'ont pas été teintes par les procédés décrits par les interprètes [1], mais soit par un procédé perfectionné et plus prompt, soit par une imitation supérieure des moyens que nos teinturiers connaissent [2]. »

X.

De la préparation du Lo-kao.

La toile de coton a été teinte par des immersions répétées dans les infusions d'écorce, et séchée sans avoir été passée à l'eau claire. « C'est de la surcharge de teinture de ces toiles, dit le P. Hélot, qu'on extrait le *lo-kao*. »

On plonge et l'on agite dans l'eau froide, à plusieurs reprises, les toiles teintes ; on réunit les eaux de lavage dans une chaudière. On étend un lit de fils de coton à la surface de l'eau ; on chauffe ; durant l'ébullition, la matière colorante, qui est en suspension, se dépose sur les fils de coton. On continue en mettant dans la chaudière de nouvelle eau de lavage, jusqu'à ce que les fils soient chargés suffisamment de couleur. On les lave alors dans de l'eau claire et froide, en les frottant dans les mains ; le *lo-kao* se détache et

1. M. Meadows et M. Sinclair.
2. *First Report of the Department of science and art*, p. 434.

se précipite. Je néglige les détails, on les trouvera dans le mémoire du P. Hélot. Enfin, le précipité bien lavé et à l'état de pâte très-fine, est étendu sur une feuille de papier fin qui repose sur de la cendre ; on le fait sécher d'abord à l'ombre, ensuite au soleil. La couche de *lo-kao* se détache du papier, se bossue en séchant, et se brise en petites lames irrégulières, minces, légères, dures, ayant un beau reflet.

Le rév. M. Edkins donne de la préparation du *lo-kao* une description tout à fait semblable.

Il faut, généralement, un lit de fils de coton du poids de 3 kil. 620 gr. pour épuiser les eaux de lavage de 300 pièces de toile. Quarante pièces donnent 37 gr. 8 de *lo-kao ;* on en tire donc 283 gr. $\frac{1}{2}$, d'un lit de coton. Chaque kilogramme représente 1060 pièces de toile teinte.

Une des fabriques d'A-zé a teint, en 1856, au rapport du P. Hélot, 8000 pièces et a vendu à peu près 7 kil. $\frac{1}{2}$ de *lo-kao*, et les cinq fabriques d'A-zé n'ont pu arriver ensemble à livrer 18 à 24 kil. — Mais on prépare encore le *vert de Chine* à Sou-tchéou-fou, aux environs de cette ville et dans plusieurs bourgs du Kiang-sou, à Ning-po et dans d'autres villes du Tché-kiang, dans le Hou-nan et le Fo-kien ; on en fabrique même d'assez grandes quantités, car un de mes amis de Chang-haï me parle, à la date du 20 avril 1857, de la possibilité d'envoyer en France 800 à 900 kil. de *lo-kao*, ce qui suppose un million de pièces teintes. Cela n'est pas surprenant ; les vêtements de coton, du vert mi-foncé au vert d'eau, sont d'un usage très-répandu dans le peuple ; le vert clair est la couleur favorite des femmes, et les Fokiénois portent tous des turbans de cotonnade bleue ou verte.

L'administration des douanes a constaté l'importation, en France, dans les six premiers mois de l'année 1857, de plus de 500 kilog. de *lo-kao ;* comme il est classé, pour la perception du droit d'entrée, parmi les *couleurs non dénommées*, il peut

être déclaré et doit être inscrit sous cette désignation générale, ce qui laisse penser qu'il en est sans doute arrivé
davantage.

XI.

De la teinture des toiles de coton avec le Lo-kao.

Le *lo-kao*, cette matière d'un prix si élevé, sert, en Chine, à
la teinture de toiles de coton communes. Le fait ne paraît pas
douteux : M. Arnaudtizon, M. Rémi, le rév. M. Edkins, le
P. Hélot le signalent, et les deux premiers ont *vu*. Il est vrai
qu'il ne s'agit que de couleurs claires; il suffit d'un liang[1]
de *lo-kao* pour 10 à 30 pièces de toile, selon l'intensité de la
nuance, soit de 7 à 21 centimes de *lo-kao* par mètre carré.
Je ne m'explique pas que la teinture avec les écorces et celle
avec le *lo-kao* coûtent le même prix, un peu plus de 5 centièmes
de piastre (40 centimes) par mètre carré, comme l'indique le
P. Hélot (pages 27 et 32).

M. Rémi m'écrivait, le 25 février 1853, au sujet de cette
teinture, ce qui suit : « Dans une excursion que nous fîmes,
notre cher consul[2] et moi, dans les environs de cette puissante métropole manufacturière[3], nous avons visité plusieurs
établissements où les tissus de coton sont teints en vert avec
cette même substance[4], et dès lors, elle avait frappé notre
attention. »

Voici le procédé qui est en usage à Sou-tchéou-fou et à
Chang-haï; on n'emploie pas le *lo-kao* en teinture à A-zé et
dans les bourgs où l'on s'adonne principalement à sa fabrication. — Le *lo-kao* est dissous à chaud dans de la potasse chi-

---

1. Le liang est de 37 gr. 79.
2. M. C. de Montigny.
3. La ville de Sou-tchéou-fou.
4. Le *lo-kao*.

noise[1]. La toile, bien lavée, est plongée dans le bain qui est à la température de 50 à 60 degrés[2], tordue à la cheville, éventée, plongée une seconde fois, tordue de nouveau, rincée dans l'eau claire et séchée à l'air libre.

Il faut employer, par chaque centaine de grammes de *lo-kao*, 1600 grammes de potasse de Chine, suivant M. Arnaudtizon; 1000 grammes, d'après le P. Hélot; 30 grammes, d'après le rév. M. Edkins.

XII.

De la teinture des soies et des tissus de soie.

« On m'a assuré que l'on ne pouvait teindre la soie avec le *lo-kao* (le P. Hélot). » Je ne saurais dire si les Délégués ont rapporté, de leurs voyages, des tissus de soie teints avec le *lo-kao*; il est facile de s'en assurer en consultant les essais de teintures chinoises et cochinchinoises, que MM. Michel, Gui-

1. Ce que les Chinois appellent communément *kien-cha*, 臉 砂, et quelquefois *hoeï-tchi* (suc de cendres), est regardé par les Européens comme étant notre potasse du commerce; cependant cette matière est loin d'être toujours la même, et les Chinois lui attribuent des propriétés différentes, selon les arbres dont elle provient.

Une grande partie du *kien-cha* que l'on consomme à Canton, vient du département de Wou-tchéou-fou, dans le Kouang-si, où on le tire des cendres d'arbres épineux. Il coûte environ 60 fr. les 100 kil. Il se compose d'à peu près 2 cinquièmes de sous-carbonate de potasse, 2 cinquièmes de chlorure de potassium, et 1 cinquième de sulfate de potasse. La potasse, dont le P. Hélot parle, est, d'après l'essai qu'il en a fait, du carbonate de soude, qui renferme beaucoup de sulfate de soude.

Les sels alcalins des cendres du *ling* (*Eurya Japonica*, Thunb.) servent à la teinture de la soie, en rouge avec le *tsien-tsao* (*Rubia tinctoria*), en pourpre avec la racine de *tse-tsao* (*Lithospermum erythrorhizon*, Sieb. et Zucc.). Ceux des cendres de la paille de riz sont préférés pour le lavage des étoffes de soie.

Le rév. P. Collas a donné une note sur le *kien* (*Mémoires concernant les Chinois*, t. XI, p. 314).

2. Il paraît que l'on donne quelquefois à la toile un pied de jaune, avec le *hoaï-hoa*, avant de la passer dans le bain de *lo-kao*. (Voy. la note de la p. 66.)

non, Vidalin et Renard firent à Lyon, en 1847[1]. Mais Madame de Montigny, qui était récemment à Paris, avait une robe de soie chinoise teinte avec cette matière.

C'est un fabricant de soieries bien connu de toutes les personnes qui ont résidé à Canton, Yi-ching aîné, dont le magasin est dans Tong-wan-kaï[2], qui a vendu la première partie de *lo-kao*, celle que M. Guinon a reçue. On lisait sur l'enveloppe des paquets : « Choisi avec soin pour teindre des soies de chaîne. » L'échantillon que je me suis procuré à Canton, en 1845, avait été acheté à un teinturier de soies.

Voici maintenant des témoignages :

Je lis dans une lettre de Canton (26 novembre 1852) : « L'emploi du *lok-kouh* par les Chinois est limité aux fines peintures et aux teintures coûteuses de soieries. » — Dans une lettre d'avril 1853 : « Le *lok-kouh* est usité pour la soie ; il se peut qu'il y ait une manière de s'en servir en le mélangeant avec d'autres matières. » — Dans une autre lettre de mai 1853 : « Il paraît que, pour les cotonnades, les Chinois emploient le *lok-kouh* comme dernier bain ; il n'en est pas de même pour la soie. »

M. Rémi m'écrit (1856) : « Le vert propre à la teinture de la soie et du coton vient positivement de l'écorce. » Enfin, je citerai ce passage d'une lettre adressée de Chang-haï à un de mes amis à Londres : « Pour les étoffes de soie vertes, il y en a de très-belles, surtout unies, tant claires que demi-foncées ; les marchands distinguent au premier coup d'œil, même pour des couleurs presque pareilles, celles qui sont teintes avec le *lo-za* ou avec le *lo-kao*. Ces dernières sont les plus estimées et les plus chères, mais je n'ai pas bien compris en quoi ils font consister la supériorité de cette teinture coûteuse ; on teint la soie avec le *lo-kao* à Sou-tchéou-fou et à Hang-tchéou-fou. »

1. I. Hedde, *Description de produits divers, recueillis dans un voyage en Chine,* p. 181 à 190.
2. *New China street.*

Le rév. M. Edkins fait observer que, si l'on ne s'en sert pas plus souvent pour teindre la soie, c'est à cause du prix trop élevé de la matière; il ajoute que le *lo-kao* prend mieux sur les surfaces peu lisses (*rough*), par exemple, sur les toiles de coton et même sur le *grass-cloth* (tissus d'*Urtica nivea*); qu'il est employé depuis longtemps par les peintres d'aquarelle, et que son application à la teinture date seulement d'une vingtaine d'années.

Enfin, un teinturier de Khiu-tchéou-fou a assuré au R. P. Hélot que, dans cette ville, on teint la soie avec l'écorce de *pé-pi-lo-chou* par le même procédé, mais moins bien que le coton.

On ne sait pas encore comment les Chinois dissolvent le *lo-kao* et l'appliquent à la teinture de la soie. Mais nos teinturiers n'ont certainement rien à apprendre aujourd'hui, sous ce rapport, de ceux du Céleste empire.

A Lyon, M. Guinon, en mars 1853, et M. Michel, en avril de la même année, pour ne parler que des plus heureux, entreprirent des essais qui leur donnèrent bientôt des résultats très-intéressants, mais l'application industrielle du *vert de Chine* ne date que du printemps de 1855. En avril 1855, M. Guinon teignit, avec le *lo-kao* pur, des velours épinglés et coupés en une couleur verte que son analogie avec celle de l'acétate de cuivre fit appeler *vert-Vénus*. Ces velours furent envoyés à l'Exposition universelle par MM. Gondre et Cie. L'addition de jaune au *lo-kao* n'eut lieu que vers le mois de juillet, et l'on obtint alors cette nuance charmante, si agréable surtout à la lumière, qui a conservé le nom de *vert-Azof*. MM. Million et Cie produisirent, en août, les premières robes de soirée de ce genre. La mode n'avait pas encore consacré cette nouveauté rare et originale, que, en octobre et novembre 1855, de riches étoffes unies teintes avec le *lo-kao* sortaient déjà des magasins de MM. Heckel, Teillard, Ponson.

C'est vers cette époque que M. Michel découvrit le procédé

auquel son nom est attaché ; il présenta à la Chambre de commerce une série remarquable d'échantillons de nuances claires et foncées, dans la séance du 24 janvier 1856, et lut, dans celle du 6 mars suivant, le rapport dans lequel il décrivait le mode de dissolution et de teinture dont il avait éprouvé la bonté. Ce procédé est, depuis le milieu de l'année 1856, pratiqué avec succès par plusieurs teinturiers de Lyon.

Le *lo-kao* était peu connu jusqu'alors ; M. Guinon seul avait réussi à en faire usage, il tenait et il tient encore secret le procédé qui lui est propre. Le secret de l'origine de la couleur de ces robes élégantes, tant remarquées dans l'automne de 1855, fut même si bien gardé, que M. Michel ne le connut qu'après la publication de son travail. Son mémoire attira l'attention générale sur cette matière nouvelle, et la consommation en augmenta de suite notablement. Pour ne citer qu'un exemple, M. Guinon, qui avait teint avec le *vert de Chine*, environ 1500 kilog. de soie, d'avril 1855 à mars 1856, en teignit plus de 3500 kilog., d'avril 1856 à mars 1857.

XIII.

Des propriétés du Lo-kao.

Les propriétés du *lo-kao* sont consignées dans les écrits suivants :

Sur une matière colorante verte qui vient de la Chine, par M. J. Persoz.
Note sur une matière organique verte, employée en Chine à la teinture des étoffes de coton, par M. E. Mathieu-Plessy. (*Bulletin de la Société industrielle de Mulhouse*, 1853, t. XXV, p. 96 à 104.)
Lettre de M. John Mercer au docteur Lyon Playfair. Octobre 1853 [1].
(*First report of the Department of science and art*, p. 434 et 435.)

---

1. Je cite encore M. Mercer : « On peut changer ce vert en un violet qui paraît être fixe ou inaltérable à l'air. Le proto-chlorure d'étain le désoxyde et le fait passer à l'orange ; sursaturé par le carbonate de soude, il devient rose vif ; appliqué sur coton et exposé à l'air, il passe au bleu-violet ; les acides le rendent gris mode.... »

Rapport à la Chambre de commerce de Lyon sur le *vert de Chine ;*
par M. A.-F. Michel. Mars 1856. (1re publication de la Chambre.)

Sur la teinture verte chinoise *Lu-koe,* par M. J.-A. van Eijk. 1856. (*De Volksvlijt,* 1856, xxxi, p. 410 à 417.)

Note sur une teinture verte de la Chine, par M. Daniel Hanbury. Octobre 1857. (2e publication de la Chambre, 1857, p. 37 à 39.)

Autres particularités sur le *vert de Chine* [1], par le professeur S. Bleekrode, 1857. (*De Volksvlijt,* 1857, xiii, p. 320 à 323.)

Je renvoie à ces documents, et particulièrement au mémoire si remarquable et si complet de M. Persoz, sur les propriétés chimiques et tinctoriales du *vert de Chine ;* on le trouvera à la fin de ce volume.

Je ne saurais trop rappeler le caractère le plus intéressant, la qualité la plus utile pour les soieries, c'est la beauté, l'intensité extraordinaires que cette couleur acquiert à la lumière artificielle. Ce magnifique éclat à la lumière, que les uns attribuent à l'homogénéité de la couleur, les autres à la pureté de nuance du bleu et du jaune qui forment ce vert, a été signalé, dès 1853, par M. J. Dupéray, de Saint-Aubin-Épinay [2]. Il donne, sur ce point, au *lo-kao,* la supériorité sur toutes les autres teintures vertes connues.

1. M. Bleekrode a consigné dans cette note le résultat de l'analyse qu'il a faite des cendres du *lo-kao,* reçu en Hollande :

Argile	52.58	Alumine	2.58
Chaux	31.16	Acide phosphorique, potasse et	
Phosphate de chaux et oxyde		soude	1.23
de fer	12.45		

M. Dupéray a indiqué, en septembre 1853, la présence, dans les cendres, de parcelles métalliques, globuleuses et irisées (sulfure de fer?).

2. « Cette propriété de réfléchir de belles et vives couleurs aux lumières artificielles augmente certainement de beaucoup le mérite de ce colorant chinois. » (Note de M. Dupéray ; séance de la Chambre de commerce du 22 sept. 1853.)

SECONDE PARTIE.

DES

TEINTURES VERTES CHINOISES

AUTRES QUE LE VERT DE CHINE.

La teinture en vert est fort ancienne chez les Chinois. —
Au xii° siècle avant notre ère, l'une des voitures de l'impéra-
trice était garnie d'étoffes de soie couleur de plumes de canard
sauvage (bleu verdâtre), et l'un des chars de l'empereur était
peint en couleur de la plante *tsao* (vert clair). Le *Tchéou-li*, auquel j'emprunte ces faits (liv. XXVII), a été rédigé par le prince
Tchéou-kong, frère de l'empereur Wou-wang, et régent pendant la minorité de son neveu Tching-wang; il remonte au
commencement du xi° siècle avant Jésus-Christ[1]. — Le *Chi-
king* est un recueil, formé par Confucius, de chants nationaux
antérieurs au vi° siècle avant notre ère : l'auteur d'une de ces
odes parle de la robe verte d'une princesse de Weï.

On connaît en Chine plusieurs procédés de teinture en
vert; les plus répandus sont fondés sur l'union du bleu et du
jaune. Les Chinois prétendent que certaines plantes donnent,
seules, une couleur verte; quoi qu'il en soit, un des *lo-chou*

1. Le *Tcheou-li*, ou *Rites des Tchcou*, traduit par Éd. Biot. 1851.

6

a cette propriété, et cela ne tardera pas, je l'espère, à être démontré.

1.

Teinture en vert avec le jaune et le bleu.

J'ai visité souvent, en 1844 et en 1845, les teintureries de Canton, et j'ai appris, dans cinq des plus grandes, principalement dans celles de Kong-tching et de Hoa-ching, fabricant de soieries[1], les procédés de teinture de la soie, du coton et du fil d'*Urtica nivea*[2]. On obtenait, dans ces ateliers, les différentes nuances de vert par la double teinture en jaune et en bleu. J'ai vu teindre la soie et le coton à Ning-po, à Ting-haï[3], à Tchin-haï[4], à É-mouï, à Tchang-tchéou-fou[5] et à Chang-haï. Ce que je vais rapporter est le résumé de notes que j'ai écrites, toujours au moment même, non pas seulement sous

1. Cet atelier était dirigé par un contre-maître, nommé Ha-sing.

2. On trouve dans un excellent livre de M. I. Hedde (*Description méthodique de produits divers recueillis dans un voyage en Chine*, p. 159 à 178), des notes sur la teinture chinoise. Ce sont celles que lui et moi nous avons rédigées en commun, en août 1845, dans l'atelier de Hoa-ching. Kong-tching, praticien plus éclairé, qui m'avait pris en amitié, consentit, en septembre 1845, à revoir et à compléter mes notes, ce qu'il fit de concert avec un autre teinturier, nommé Tchu-yune.

M. Hedde n'a pas connu ces derniers renseignements, et cela explique pourquoi mes indications actuelles ne concordent pas avec notre travail primitif.

3. Ting-haï est le chef-lieu de l'arrondissement de ce nom, qui comprend tout l'archipel de Tcheou-chan ou Tchou-san; c'est une ville entourée de murs, située dans la vallée de Young-toung, à un peu plus d'un kilomètre de la mer. La Mission de France y a résidé en octobre et novembre 1845.

4. Tchin-haï est une petite ville murée, chef-lieu d'arrondissement dans le département de Ning-po-fou; elle est sur la rive gauche du fleuve Young ou Ta-tsieh, à son embouchure et à 21 kilomètres de Ning-po.

5. Tchang-tchéou-fou est le chef-lieu du département de ce nom, dans la province de Fo-kien. C'est une grande ville populeuse, renommée pour les velours de soie façonnés et la porcelaine, et l'on y fabrique en abondance, ainsi qu'aux environs, des soieries, des toiles de coton, du papier de bambou estimé, du sucre, du vermillon. Je l'ai visitée en novembre 1845. Elle est située sur la rive gauche du fleuve Loung, que l'on y traverse sur un pont de granit

sa dictée, mais en suivant, et quelquefois en répétant, le travail des teinturiers.

Le procédé qui, à Canton, est réputé le meilleur pour produire un vert solide est le suivant : Donner un pied de jaune dans un bain de *hoang-teng*, sans mordant; passer au bleu, dans un bain de *lan*, également sans mordant; faire sécher au soleil. Le prix de cette teinture est de 4 mace d'argent par catty de soie, c'est-à-dire 5 fr. le kilo, et de 5 mace[1] et demi, en sapèques, par pièce de toile, ayant 10 tchang[2].

On emploie de préférence le *hoang-tchi*, avec le *lan*, sur coton; Tchu-yune le recommande également pour la soie.

La couleur dite *thsao-téou-lo*, ou vert de dolichos en herbe, s'obtient avec le *hoang-pé* et le bleu du *hien-lan*, qui paraît être une variété du *Polygonum Chinense*. Pour le vert mandarin ou *kouan-lo-se*, on fait usage du *hoaï* et du *lan*.

de vingt-deux arches et d'environ quatre cents pas de long, dont une partie est couverte de maisons. Il m'a fallu huit heures et demie pour remonter dans une jonque chinoise, et par un vent favorable, le fleuve Loung, d'É-mouï à Tchang-tchéou-fou.

1. Le *mace* (on prononce *mess*), centaine ou enfilade de sapèques, valait en moyenne 45 centimes en 1845, car on donnait alors, généralement, pour 1 piastre à colonnes de Ferdinand VII, non *choppée*, à Canton, 1200 sapèques; à Chang-haï, 1280; à É-mouï, 1330. La piastre Ferd. VII était alors à 5 fr. 70 c. La piastre de Charles IV valait, à É-mouï, 1400 sapèques; à Chang-haï, 1350; et à Canton, 1250.

2. Le *tchang* est une mesure de 10 *tchi* ou pieds. Les pieds employés communément à Canton ont 350 à 374 millimètres. Il y a une unité de convention que l'on appelle *paï-tsien*, et qui a, en moyenne, 373 millimètres de long (14 pouces 6/10 des Ilia); les autres pieds en dérivent. Ainsi, Ho-yih, mon menuisier, se servait d'un *keou-si*[*] de 350 millimètres et demi, c'est-à-dire d'un pied égal à 94 centièmes du *paï-tsien*; Who-yune vendait les toiles fines d'*Urtica nivea* avec un *keou-pat*[**] de 365 millimètres. Le pied dont Tchu-yune, le teinturier, faisait usage, avait 283 millimètres, c'était les 62 centièmes et demi du *paï-tsien*. D'après cela, les 5 mace et demi, en sapèques, par pièce de 10 tchang, indiqués ci-dessus, correspondent à peu près à 11 centimes le mètre.

[*] *Keou* ou *kieou*, neuf; *si* ou *sé*, quatre.

[**] *Keou* ou *kieou*, neuf; *pat* ou *pa*, huit.

Les matières bleues sont, le *tien-tsing* et le *thou-tsing*, pour les verts foncés, et le *lan*, pour les verts clairs.

Les matières jaunes sont, par ordre de solidité, le *hoang-teng*, le *hoang-tchi*, le *hoaï-hoa*, le *hoang-pé*, le *ti-hoang*, le *kiang-hoang*. Les trois premières sont d'un emploi fréquent pour la teinture en vert. On ne se sert pas indifféremment de ces six substances : chacune d'elles a une qualité particulière, soit pour la nuance, soit pour la solidité ou l'éclat; telle se marie mieux avec le *lan*, telle autre avec le *tien*.

On fabrique, à Hang-tchéou-fou et à Ning-po, sur le métier de haute-lisse, des tapis très-curieux, ras, épais, solides, appelés *mao-tan*, dont le façonné, fait à l'espolin, représente ordinairement des oiseaux bizarres[1]. La chaîne est de gros coton retors; la trame est tantôt de laine grossière ou de poil de chèvre, tantôt de poil de vache, de chien ou de daim. Un tapis de ce genre, de laine et de poil, à huit ou neuf couleurs, de 2 mètres 5 centimètres sur 1 mètre 46 centimètres, et du poids de 3 kil., 280, le dessin figurant cinq grues ou cinq cigognes volant au milieu de nuages, coûtait 16 fr. à Ning-po, en 1845.

J'ai vu teindre la laine en échées, à Ning-po, chez un fabricant de ces tapis nommé Sang-sine. Pour le vert, il passait d'abord dans un bain de *tien-ching*, ensuite dans un bain de *hoaï-hoa* et d'alun.

Quand le tapis est achevé, on lui donne plus d'éclat en passant dessus, à la brosse, de nouvelles couleurs, et l'on ajoute aussi au façonné des peintures en général grossières; un peintre habile gagne à ce travail 2 fr. 40 c. par jour. Le vert dont on fait usage pour ces peintures à la brosse ou au pinceau, est extrait directement d'une plante, on l'appelle *kaong-ching*; il coûte 80 à 100 sapèques le catty, à peu près 65 centimes le kilo. Je n'ai pas pu m'en procurer.

---

1. Il y avait, en 1845, à Ning-po, cinq petites fabriques de ces tapis, renfermant quatorze métiers de haute-lisse; elles étaient dans les rues *Ta-jin kiaï* et *Yong-fong kiaï*.

II.

Les matières tinctoriales jaunes [1].

1. — Le hoang-teng.

Le *hoang-teng*, 黃藤 (rotin-jaune), est la racine ou la tige d'un arbrisseau qui croît dans la province de Kouang-si, et qui est, dit-on, semblable au rotin. Les teinturiers achètent, sous ce nom, au prix de 6 à 15 piastres le picul (en 1845), des espèces de sarments, petits, tortueux, noueux, de 10 à 15 millimètres de diamètre, de saveur amère, dont l'écorce mince et ridée est brun-rougeâtre. Intérieurement, la texture est lamelleuse, et la couleur d'un beau jaune.

Le bain se prépare en laissant le *hoang-teng* en macération dans l'eau froide pendant trois ou quatre jours; on y passe les pièces sans qu'il soit besoin de mordant.

On se sert du *hoang-teng* pour donner plus de solidité à la teinture avec le carthame.

Mon vénérable ami, don Inigo de Azaola, de Manille, pensait que le *hoang-teng* est la racine de l'arbuste que les Tagals appellent *suma* et *lactang*, le *Menispermum cocculus* [2], L. Ne serait-ce pas plutôt le *Fibraurea tinctoria*, Lour. (*Menispermum tinctorium*, Sprengel; *Cocculus fibraurea*, Decand.)?

Loureiro (tome II, page 627) donne des tiges de cette plante une description qui s'accorde avec ce que je connais

1. Les Chinois attribuent des propriétés médicinales à ces matières, et c'est souvent dans les pharmacies qu'il est le plus facile à un étranger de se les procurer. Elles sont au nombre des médicaments simples dont André Cleyer donne la liste dans le *Specimen medicinæ Sinicæ*, que Zubrodt a publié à Francfort en 1682.

2. M. I. Hedde nomme cet arbrisseau *Menispermum soma* (*Desc. méth.*, page 169). Il n'existe pas d'espèce de *Menispermum* de ce nom; le *suma* des Tagals est, selon le P. Blanco, le *M. cocculus* (*Flora de Filipinas*, 2e édit., page 557). Voy. sur le *M. cocculus*, Wallich, *Asiatic researches*, vol. XIII, pages 403 à 412.

du *hoang–teng ;* il ajoute que l'on extrait des tiges, par la cuisson, une teinture jaune qui n'est pas très–vive, mais qui est solide. D'un autre côté, je lis dans le *Account of China* (vol. III, page 372), que les racines du *Menispermum tinctorium* servent à teindre en jaune. Le *M. tinctorium* est, d'après Loureiro, le *tien–sien–tan* des Chinois, et le *cay vang-dang* des Cochinchinois. Il est inscrit également sous ce dernier nom, 核 鑽 楊, et sous celui de *Cocculus fibraurea*, dans le *Hortus floridus Cocincinæ*[1]. Je remarque que les caractères 黃 藤 (*hoang–teng*) se prononcent *vang-dang* en cochinchinois, et ont, également en cochinchinois, le même sens que 鑽 楊[2].

2. — *Le hoang-tchi.*

Le *tchi* ou *hoang–tchi*, 黃 梔, est le fruit d'un *Gardenia*, plante de la famille des rubiacées. Il y en a trois espèces : la première, le *tchi–tse*, fruit très–allongé ; la seconde, le *chan–tchi*, fruit ovoïde, moins gros que le précédent ; la troisième, dont j'ignore le nom, fruit plus petit encore et presque rond.

Les descriptions des botanistes en s'accordent pas. Si l'on ajoute foi à celles de Loureiro et d'Osbeck, le *tchi–tse* serait le *Gardenia grandiflora*, et le *chan–tchi*, le *G. florida*, L.; en tenant pour exactes celles de Decandolle, le *tchi–tse* est le *G. florida*, L., et le *chan–tchi*, le *G. radicans*, Thunb.

Ceux qui se sont occupés du *tchi*, et par *tchi*, j'entends les fruits qui portent ce nom, n'ont pas indiqué la sorte qu'ils avaient sous les yeux ; on est ainsi forcé d'attribuer à deux ou trois espèces, des propriétés qui ne leur appartiennent certainement pas au même degré.

1. *Dictionarium anamitico-latinum*, page 639.
2. *Dict. anamit.-lat.*, p. 102, 594, 699 et 712.

Avant de signaler des faits qui sont restés dans l'oubli jusqu'à ce jour, il est essentiel, pour qu'on puisse se procurer
facilement ces plantes ou ces fruits, de rappeler les noms par
lesquels ils sont désignés.

Tchi et *hoang-tchi* s'appliquent aux deux ou trois espèces :
Cleyer [1] et Kæmpfer font mention du *tchi;* les teinturiers chinois ont fait connaître ces fruits aux Délégués commerciaux
en Chine sous le seul nom de *hoang-tchi* [2], mais les fruits
étaient, à Canton, allongés; à Ning-po et à Chang-haï, ovoïdes et moins gros. Ce sont ces derniers que M. de Montigny
et le P. Aymeri ont envoyés récemment en France avec le nom
de *hoang-tchi-tse*. On a reçu en Allemagne et en Hollande
l'espèce allongée comme s'appelant *wongsky, wongshy, wongs-
chy* (*hoang-tchi*) ; les deux sortes que M. Hanbury possède
sont le *tchi-tse* (allongé) et le *chan-tsi* (ovoïde).

Gardenia radicans, Thunb. :

Tchi-tse. — M. C. Shaw, *Chinese Repository*, vol. xviii, p. 15.
Chan-tchi. — MM. Hoffmann et Schultes.
Chouï-tchi-hoa. — MM. Hoffmann et Schultes.
Tsio-che-hoa. — Le Dr W. Williams.

La Compagnie des Indes a envoyé à l'Exposition universelle de 1851,
des fruits de Chine que le Catalogue officiel attribue au *G. radicans*
(vol. III, p. 1420). On lit dans le Catalogue qu'avec ces fruits, bouillis
avec de la colle, on colore les meubles en jaune.

Gardenia florida., L. [3]:

Tchi-tse. — Loureiro; MM. Hoffmann et Schultes.
Hoang-tchi-tse. — MM. Hoffmann et Schultes.

---

1. *Specimen medicinæ Sinicæ. Medicamenta simplicia*, n° 276, p. 52.
2. *Commerce d'exportation de la Chine*, p. 196. Les délégués ont rapporté de
Chine, en 1846, les trois espèces de *hoang-tchi*.
3. On lit *Gardenia floribunda*, L., au n° 249 du Catalogue des plantes japo-
naises. C'est une faute d'impression, il faut lire : *G. florida*, L., comme le portent les manuscrits de MM. Hoffmann et Schultes. Le *G. floribunda*, Sprengel,
n'existe pas d'ailleurs au Japon.

Hoang-tchi. — Cunningham ; Osbeck ; Le Dr Bridgman.

Pé-yu-hoa. — MM. Hoffmann et Schultes ; M. Decaisne, d'après la Flore japonaise *Kwa-wi*.

Pé-tchen-hoa. — Le Dr W. Williams ; Le Dr Bridgman.

Pak-sema-hwa. — M. Fortune, *Residence among the Chinese*, p. 206. Ce nom est une altération de *pé-tchen-hoa*.

Gardenia grandiflora, Lour.:

Hoang-tchi (*Wongsky*). — Le Dr Jessen.

Il résulte de ce qui précède que l'on ne sait pas précisément à quelles espèces de *Gardenia* appartiennent les fruits connus sous le nom de *hoang-tchi*. On n'emploie pas indifféremment en Chine, pour la teinture, les trois sortes signalées plus haut ; le fruit le plus allongé paraît le plus abondant et le plus usuel, les fruits ovoïdes et ronds sont plus estimés.

Il est évident que le *hoang-tchi* n'est ni une gentianée ni une scitaminée, comme l'ont avancé plusieurs savants allemands, et, dans l'état actuel des choses, on peut croire que le *tchi-tse* est le *Gardenia grandiflora* ; le *chan-tchi*, le *G. florida*, et la troisième espèce, le *G. florida* ou le *G. radicans*[1].

Suivant James Cunningham, le *hoang-tchi* donne une couleur écarlate ; cette assertion a été reproduite par Plukenett, Loureiro, Grosier[2].

Kong-tching et Tchu-yune ont teint à Canton, devant moi, le premier de la soie, le second du coton, en jaune avec ces fruits. On en tire une teinture jaune, très-prisée en Chine, et dont on m'a vanté, à Canton et à Ning-po, l'éclat et la solidité incomparables. Un teinturier de Chang-haï m'a dit qu'on les emploie, à Pé-king, pour les vêtements jaunes de l'empereur et de sa famille. Comme ils coûtent un peu plus cher que le *hoaï-hoa* et le curcuma, on donne générale-

---

1. Cette troisième espèce pourrait être aussi le *Gardenia pictorum*, Hasskarl.
2. Plukenett, *Amalth. botan.*, p. 29. — Osbeck, vol. II, p. 345 à 348. — Loureiro, t. I, p. 148. — Grosier, t. III, p. 82.

ment, dans les ateliers, la préférence à ces dernières matières. On se sert cependant assez communément du *hoang-tchi* pour les verts sur coton, et aussi pour donner, dans certains cas, un pied de jaune à des tissus de soie, d'*Urtica nivea*, de coton, que l'on veut teindre en écarlate, en cerise, en cramoisi, avec le carthame ; il augmente la solidité et l'intensité de la couleur.

Cet écarlate attira l'attention de Bancroft, qui tenait de sir Georges Staunton quelques yards de toile de coton teinte de la sorte. Il l'attribua, en s'autorisant du témoignage de James Cunningham, au *hoang-tchi* seul. Cette belle couleur, assez solide à l'air et au soleil, « pareille, dit-il, à celle que donne la cochenille, » lui parut d'une nature résineuse et obtenue sans mordant. Bancroft s'étonna surtout qu'elle résistât aux acides les plus énergiques mieux que les couleurs réputées les plus durables. L'acide sulfurique concentré a en effet peu d'action sur cet écarlate, l'acide chlorhydrique fort le change en orange, l'acide azotique le rend jaune [1].

Cunningham avait remarqué, je l'ai dit plus haut, l'usage en Chine du *um-ki* pour l'écarlate. Le *um-ki* est bien le *hoang-tchi ;* la différence provient du dialecte de Canton et de l'ancienne manière d'écrire les noms chinois. La fig. 4 de la plante 448 de l'*Amaltheum* et la description faite par Osbeck [2] ne laissent aucun doute à cet égard ; le *um-ki* de Cunningham est le *chan-tchi* à fruits ovoïdes, le *Gardenia florida*, L.

Loureiro et Mgr Taberd annoncent, de leur côté, que la pulpe des fruits frais du *Gardenia grandiflora* teint la soie en beau rouge, et que le fruit du *G. florida* [3] a la même propriété, mais, pour cette dernière espèce, Loureiro, comme ceux qui parlent de l'écarlate qu'elle fournit, invoque l'autorité de

1. Bancroft, *Experimental researches*, vol. I, p. 286.
2. Osbeck, vol. II, p. 346.
3. On appelle cette plante, dans l'Annam, *Cay danh-tau*, 核停艚.

Cunningham[1]. M. Fortune affirme que les Chinois font usage en teinture du fruit du *Gardenia radicans*.

Au Japon, d'après Thunberg[2], dans l'Inde, selon Roxburgh[3], le fruit du *G. florida* sert à teindre en jaune. Burnett donne une indication pareille pour la Chine[4]. Kong-tching me faisait observer à ce sujet que le *hoang-tchi* agit sur le carthame, de la même manière que le *hoang-teng*, autre matière colorante jaune, dans la teinture en écarlate avec le carthame et en rouge avec le sapan; que les *ou-peï-tse* dans la teinture en cramoisi avec la cochenille. « C'est, disait-il, comme un mordant; il fortifie la couleur. »

L'assertion de Cunningham et de Loureiro ne peut-elle être expliquée par le rôle important de ces fruits dans la teinture en écarlate?

En 1845, les teinturiers de Canton achetaient le *hoang-tchi* 10 à 12 piastres le picul (environ 1 fr. le kil.). L'arbuste abonde aux environs de cette ville et de Ning-po. Les fruits et les graines que j'ai rapportés en 1846, venaient, les unes des jardins de Fah-ti, près de Canton, les autres de Ning-po et de Ting-haï. M. É. Tastet a donné, en mars 1857, à la Chambre de commerce de Lyon, des fruits qu'il tenait du R. P. Aymeri, missionnaire lazariste, alors à Chang-haï.

Le *hoang-tchi* a été déjà l'objet de recherches intéressantes de la part des chimistes allemands. Les premières et les plus complètes ont été faites en 1849 par le professeur W. Stein, de Dresde; on en trouvera les résultats dans le *Chemisch-pharmaceutisches central blatt*[5]. Le travail plus récent de M. von Orth a été inséré dans le *Neues repertorium für Pharmacie*[6], et

---

1. Loureiro, t. I, p. 147 et 148. — *Dict. anamit.-lat.*, p. 627 et 628.
2. *Flora Japonica*, p. 108. — Le *G. florida* est le *koutsinasi*, le *si-si*, des Japonais.
3. *Flora Indica*, vol. 1, p. 704.
4. *Account of China*, vol. III, p. 378.
5. Leipsig, 27 février 1850, n° 9, p. 140.
6. Munich, 1855. *Band* IV, *heft* 1, s. 12 à 17.

le professeur F. Rochleder, de Prague, a publié dans le même recueil[1] une note sur le *hoang-tchi*. Je dois citer aussi les expériences du docteur Th. Martius, d'Erlangen.

Je ne saurais résumer avec netteté tant d'analyses et d'essais, j'en indique seulement les faits principaux. Ces fruits renferment : 1° une grande quantité de matière semblable à la pectine ; 2° une substance analogue au *rubichlorsaure*, elle se décompose quand on la chauffe avec l'acide chlorhydrique en donnant naissance à une poudre verte insoluble dans l'eau ; 3° une matière astringente se colorant en vert par les sels de fer ; 4° un corps colorant jaune qui a quelque rapport avec l'alizarine. Le docteur Th. Martius y a trouvé, en outre, de la mannite.

3. — *Le hoang-tchi.*

Une autre teinture jaune porte le nom de *hoang-tchi* , mais le caractère *tchi* s'écrit différemment, 黄汁, c'est le principe colorant jaune des fleurs du *Carthamus tinctorius*, L., le *houng-hoa* ou *houng-lan-hoa*. Cette plante, qui a été importée de l'Asie occidentale en Chine sous les Han par le général Tchang-kien , est cultivée dans les provinces de Sse-tchouen, de Yun-nan, de Ho-nan, de Chen-si et de Kiang-si. Les fleurs sont mises dans un sac de toile, que l'on foule fortement, d'abord dans de l'eau pure, ensuite dans de l'eau de riz aigri ; on tord le sac plusieurs fois, afin d'extraire tout le suc jaune. Cela fait, on humecte d'un peu d'eau de cendres de paille de riz les fleurs qui ne contiennent plus que la couleur rouge, on les recouvre d'armoise verte, et le lendemain on en forme, en les pétrissant, de minces tablettes. (Voy. aussi les *Mémoires concernant les Chinois*, tome V, page 498.)

---

1. *Neues repertorium*, 1855. *Bd* IV, *h.* 8 et 9, *s.* 365 à 367.

Le suc jaune du carthame sert principalement à faire le fond des teintures écarlates et rouges sur soie.

Parmi les toiles chinoises de l'envoi de M. de Montigny, il y en avait une écarlate, qui a attiré, par l'éclat de sa couleur, l'attention de la Chambre de commerce de Mulhouse. Elle écrivait à ce sujet, le 27 avril 1850, à M. le Ministre du commerce : « L'échantillon fond écarlate sur tissu de coton a été reconnu teint au moyen d'un pied en orange de rocou[1], puis d'une teinture en rose de saflor (carthame). Mais nos chimistes n'arrivent pas à la même vivacité dans la nuance. Ils attribuent ce résultat à ce que les Chinois emploient une variété de carthame plus riche en parties colorantes que ceux d'Espagne et d'Égypte. »

Outre qu'il ne renferme presque plus de principe jaune, le carthame de Chine est, en effet, plus riche, et l'on estime qu'il l'est quatre à cinq fois plus que le meilleur safranum de l'Inde[2]. Il y en a, du reste, de plusieurs qualités, et j'en ai remarqué trois : la première, de 17 à 20 fr. le kilog. ; la seconde, de 12 à 15 fr. ; la troisième, de 8 à 11 fr. Ce sont les prix de 1845, à Canton, à Ning-po, à Chang-haï. On a reçu en France, en 1850, du *houng-hoa* qui avait été payé 105 piastres le picul à Canton, et, en 1853, une qualité qui est revenue, tous frais payés, à 19 fr. 60 cent. le kilog.

L'éclat et la solidité des teintures écarlate, cerise et ponceau faites avec le carthame, sont dus en grande partie, si l'on en croit les Chinois, au pied de jaune[3]. On emploie, à cet effet, le *hoang-tchi* (fruit d'un *Gardenia*), le *hoang-teng*, et quelquefois le *hoang-tchi* (suc jaune de carthame). Ce qui est remar-

---

1. Les Chinois ne connaissent pas le rocou.

2. Les Chinois extrayent la carthamine et l'envoient en Europe, tantôt fixée sur des plantes, tantôt en écailles ; ils prétendent que la supériorité de leur carthame est due, moins à sa plus grande richesse en carthamine, qu'à la présence d'un autre principe inconnu.

3. La solidité relative de ces rouges chinois a été indiquée plus d'une fois. Voy. M. Persoz, *Impressions et teintures à l'Exposition univ. de 1851*, p. 43.

quable, c'est que, pour sécher la toile teinte, on expose quelquefois cet écarlate au soleil; la couleur tantôt pâlit un peu, tantôt passe au ponceau, et, l'un ou l'autre point atteint, ne change plus à la lumière. Il n'en est pas de même quand le pied de jaune est donné avec le bois de *hoang-lou* (*Diervilla versicolor*, Sieb. et Zucc.) et les autres teintures jaunes.

4. — *Le hoaï-hoa.*

Je parle plus loin des boutons et des fleurs du *hoaï-hoa*.

5. — *Le hoang-pé.*

Le *hoang-pé-pi*, 黄栢皮 ou 黄蘖皮, est l'écorce du *hoang-pé-mou*, *Pterocarpus flavus*, Lour., ou peut-être *Hymenolobium*, arbre élevé, qui croît dans les provinces de Sse-tchouen et de Kouang-si.

Cette écorce coûte, à Canton, 5 à 6 piastres le picul, en moyenne, 50 centimes le kilog. (1845).

On la laisse deux ou trois jours en macération dans l'eau, on teint à froid sans mordant, on fait sécher au soleil, et l'on obtient un jaune rougeâtre.

Le R. P. Collas [1] et Loureiro [2] font mention de la propriété tinctoriale de l'écorce du *Pterocarpus flavus*. Les teinturiers la remplacent quelquefois par celle du *Siao-pe*, 小蘖 (*Berberis Thunbergii*, Decand.), qui est moins estimée.

6. — *Le ti-hoang.*

Le *ti-hoang*, 地黄, est la racine d'une plante que le docteur Hoffmann dit être le *Rhemnesia Sinensis*. Cette racine donne une teinture jaune.

1. *Mémoires concernant les Chinois*, vol. XI, p. 333.
2. Tome II, p. 432.

Le *ti–hoang* a de larges feuilles épaisses et rudes au toucher ; les fleurs, semblables à celles du *yeou–ma*, sont rayées de rouge et de violet ; les graines sont grises et renfermées dans une capsule; la racine est jaune comme celle de la carotte. Cette plante croît à peu près partout, mais les racines les plus estimées viennent de Hoaï-khing, dans la province de Ho-nan.

7. — Le *kiang-hoang*.

Le *kiang-hoang*, 薑 黃 , est la racine du *Curcuma longa*, L., qui est très-commun dans les provinces de Kouang-toung, de Kouang-si, de Fo-kien, de Tché-kiang, de Sse-tchouen [1], etc. C'est la teinture jaune le plus en usage, le meilleur marché, mais la moins solide. On se sert quelquefois du *hoang-teng* pour la rendre plus durable.

Les racines de curcuma coûtent, à Canton (en 1845) : fraîches, 5 piastres le picul (environ 20 centimes le kilog.); sèches, 4 taels 5 mace le picul (environ 60 centimes le kilog.); en poudre, 6 taels le picul (environ 80 centimes le kilog.).

On verse de l'eau bouillante sur le curcuma en poudre, on agite, on laisse reposer, puis on décante. On ajoute un petit verre de jus de citron par catty de curcuma en poudre, et il faut quatre catties de ce dernier par catty de soie à

---

1. *Commerce d'exportation de la Chine*, p. 195. — Dr W. Williams, *Chinese commercial Guide*, 1856, p. 197. — Il y a une autre espèce de curcuma, appelée *yo-kin*, qui sert aussi à teindre en jaune. « Les fleurs sont blanches, le fond en est rouge ; vers la fin de l'automne, elles sortent du cœur de la tige.... La racine est grosse comme le doigt et longue d'un pouce environ, elle est ronde et a des raies transversales comme celles du ventre d'une cigale. (*Encyclopédie Japonaise*, liv. xciii, f. 16.) » Le *yo-kin* est cité dans le *Si-yu-ki** comme un des produits les plus estimés, au viie siècle, de plusieurs royaumes de l'Inde du Nord. Cleyer fait mention du *kiang-hoang* et du *yo-kin* (n°s 64 et 65).

* Le *Si-yu-ki* a été traduit du sanscrit par Hiouen-thsang, en 648, et du chinois par M. Stanislas Julien, en 1854.

teindre. D'autres teinturiers préfèrent le vinaigre au jus de citron, et quelques-uns ne font pas usage d'acide.

Ha-sing faisait payer à Canton, en 1845, la teinture avec le curcuma, 3 fr. par kilog. de soie, et celle avec le *hoang-teng* ou avec le *hoaï-hoa*, 5 fr. 25 c.

On emploie le jus de citron, en Chine, non-seulement avec le curcuma, mais avec le carthame, la cochenille, le *lan*, etc., « afin, dit le P. Marini, que la teinture ne se décharge iamais, et qu'elle conserue touiours, par le moyen du mélange de ce suc, sa première viuacité et son lustre [1]. »

III.

Les galles de Chine.

(*Ou-peï-tse*).

J'ai cité plus haut [2] les *ou-peï-tse ;* l'emploi de ces galles est aujourd'hui général à Lyon, et il n'est pas hors de propos d'en parler ici.

Les *ou-peï-tse*, 五 棓 子, sont aussi connus sous les noms de *pé-yo-tsien*, de *yen-fou-tse*, de *yen-kieou-tse;* ce sont des galles très-riches en tanin. Les coques sont de forme irrégulière et souvent bizarre, légères, dures, creuses, duveteuses, et contiennent une pelote cotonneuse, blanche, dans laquelle sont de petits insectes ailés, groupés en essaim. La grosseur des coques varie beaucoup, elles ont depuis 2 jusqu'à 10 centimètres de long, et généralement de 4 à 6 centimètres [3].

---

1. *Relation nouvelle et curieuse des royaumes de Tonquin et de Lao*, 1666, p. 57.
2. Page 90.
3. Voy. Du Halde, *Description de l'empire de la Chine*, vol. III, p. 496 à 503, et le *Commerce d'exportation de la Chine*, note de la page 199.

Ces galles se développent sur les feuilles d'un arbre appelé *yen–fou--tse–mou*, 鹽 麩 [1] 子 木, et *fou–mou*, 膚 木, qui croît en abondance sur les plateaux élevés, dans les provinces de Sse–tchouen, de Kouang–si, etc. Une espèce de *cynips*, qui n'est pas encore décrite, vit sur cet arbre ; ces insectes pondent leurs œufs sur les feuilles, et les y abritent dans de petits cocons qui, peu à peu, grossissent, se durcissent et deviennent les galles dont je m'occupe.

Voici la description du *fou–mou*, d'après l'Encyclopédie japonaise, livre LXXXIX, folio 24 : « Il ressemble au *tchun* (espèce de frêne) ; ses feuilles sont opposées, longues, dentées ; leur face est vert pâle, et le revers blanc ; elles ont de petits poils, et leur saveur est sure. Au-dessous de chaque paire de feuilles, on voit latéralement des feuilles droites appliquées sur la tige comme les plumasseaux d'une flèche. Les fleurs sont bleues et jaunes, disposées en épis. Les fruits sont de la grosseur de petits dolichos, aplatis, d'abord verts, et à la maturité violâtres. Les pepins sont d'un vert pâle et réniformes ; sur la pellicule qui les recouvre, il y a une légère couche de sel[2]. »

D'après M. le docteur Hoffmann[3], le *yen–fou–tse–mou* est aussi appelé *yen–fou–chou*, 鹽 敷 樹, et il est représenté dans l'Herbier royal de Leyde par des exemplaires que M. le docteur H. Schultes a rapportés au *Rhus semialata* Murray, Var. *Osbeckii*, Decandolle[4].

On ne s'accorde guère, toutefois, sur ce point. Les *ou–peï-tse* se recueillent sur une espèce de chêne, selon le Dr Wells Williams ; sur le *Terminalia chebula*, Retz., d'après Roxburgh[5] ;

---

1. Ou 膚.
2. Traduction de M. Stanislas Julien.
3. Lettre du 28 août 1857.
4. Catalogue de MM. Hoffmann et Schultes, n° 490. — *Kwa-wi, Arb.*, II, 15.
5. Roxburgh n'a eu peut-être qu'un dessin de ces galles ou des spécimens

sur le *Terminalia edulis,* Blanco, suivant M. de Azaola ; enfin,
M. Decaisne incline à penser qu'ils viennent du *Distylium
racemosum,* S. et Z [1].

Quoi qu'il en soit, le picul d'*ou–peï–tse* valait à Lieou–
tchéou–fou, dans le Kouang–si, 2 à 4 taels, en 1845 ; à Can–
ton, 3 à 6 taels, en 1845 ; 11 piastres $\frac{1}{2}$, en juin 1850 ;
6 piastres $\frac{1}{2}$, en octobre 1850 ; 8 à 9 piastres, en septem–
bre 1852 ; 12 piastres $\frac{3}{4}$, en novembre 1852.

Il y a d'autres galles en Chine et au Japon. L'une d'elles,
le *yousou–no mi* ou *ko–to–si* (en chinois, *kou–tou–tse*), pousse
sur les feuilles d'un arbre, qui est abondant dans les îles de
Sikok et de Kiousiou, et qui est nommé *fiyon–no ki* (arbre aux
flacons), *yousi–no ki, boun–si–mok, boun–si–zyou* (arbre aux
cousins [2]). Cet arbre a été décrit par Kæmpfer [3], et cité par
Thunberg [4]. On en voit, dans l'Herbier de Leyde, un exem–
plaire qui porte le nom chinois de *wen–mou–chou* (jap. *boun–
bo–zyou*), et le nom japonais de *fiyon–no ki ;* M. Schultes [5] l'a
reconnu pour être une hamamélidée, le *Distylium racemosum*
S. et Z., qui est décrite et figurée dans la *Flora Japonica* de
M. de Siebold (1835, fasc. I , page 179, pl. 94).

M. Decaisne est porté à croire, comme je l'ai dit déjà, que
cet arbre fournit les *ou–peï–tse,* et il est à remarquer que le
Distylium racemosum a quelques caractères qui s'accordent
avec la description de l'Encyclopédie japonaise et la gravure
du *Pen–thsao–kang–mou.*

Li–chi–tchin, auteur de ce dernier ouvrage, indique encore
des galles de même genre que les *ou–peï–tse,* et qui ont des

insuffisants sous les yeux ; on sait que les galles de myrobalan citrin croissent
sur les feuilles du *Terminalia chebula,* Roxb.

1. Guibourt, *Histoire naturelle des drogues simples,* t. III , p. 703.
2. J. Hoffmann, *Fabriques de porcelaine au Japon ; Journal asiatique,* 1855 ,
t. V, p. 212.
3. *Amœnitates exoticæ,* fasc. V, p. 816.
4. *Flora Japonica,* p. 190.
5. Catalogue,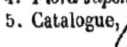

7

propriétés singulières. Ainsi, les *souan-kio* (cornes sures), très-communes à Lin–ngan–fou, dans le Yun-nan, ont les qualités du meilleur vinaigre ; on tire aussi du vinaigre des feuilles, des galles (?) et des graines d'un arbre du Camboge, le *hien–ping-chou* : ce n'est pas moins curieux que l'histoire, si elle est vraie, ce que je ne crois pas, du polype vinaigrier des côtes de Leao-tong[1]. Un arbre élevé, dont la fleur est blanche et légèrement rouge au centre, est couvert de galles rondes, appelées *ou–chi-tse*. Enfin, on fait un fréquent usage à Canton, pour la teinture en noir, de galles également rondes , que l'on nomme *ko–tse*.

IV.

Des matières colorantes bleues.

L'empereur Hoang-ti, qui mourut l'an 2598 avant Jésus-Christ, avait voulu que la partie supérieure de l'habit des Chinois fût de couleur bleu céleste[2], et il est fait mention plusieurs fois, dans le *Tchéou-li*, de la teinture des étoffes en bleu foncé et en bleu clair ; cette teinture est donc très-ancienne en Chine.

Les livres chinois appellent *lan*, 藍, les plantes qui donnent de l'indigo, et en citent cinq espèces : le *tcha-lan*, le *ma-lan*, le *ou-lan*, le *liao-lan*, le *hien-lan*. Le *lan-tien*, 藍澱, est le bleu que l'on tire des quatre dernières espèces ; celui que le *tcha-lan* fournit porte, selon la qualité, le nom de *tien-hoa*, 靛花, ou de *piao-kang*.

Les faits que je vais rapporter, je les ai observés en Chine, ou recueillis de la bouche des gens du métier ; je dois prévenir qu'ils ne s'accordent pas en tout point avec les descrip-

1. Huc, *L'Empire chinois*, 2ᵉ édit., t. II, p. 413.
2. De Mailla, *Histoire générale de la Chine*, t. I, p. 27.

tions des auteurs chinois. J'ai remarqué quatre plantes indigofères : une plante à feuilles opposées qui est une acanthacée
ou une asclépiadée, un *Polygonum*, un *Isatis,* un ou deux
Indigofera. Il faudrait connaître le nom chinois de chaque
espèce pour mettre à profit, et concilier peut-être, les indications des teinturiers et les procédés de culture et de fabrication décrits dans les encyclopédies [1]. On va juger par deux
exemples si cette distinction précise des espèces est nécessaire : le *Thien-kong-khaï-wou* nomme *tien-hoa* l'écume bleue
qu'on a prise dans les fosses où le *tcha-lan* est macéré, et
qu'on a fait sécher ; le *tien-hoa* est l'*Indigofera coccinea,*
Lour., suivant le Dr W. Williams, et l'*Isatis indigotica,*
d'après M. Fortune. Le *lan-ts'ao* est l'*Indigofera tinctoria,* L.,
selon Loureiro, et le *Polygonum tinctorium,* d'après le docteur Bridgman.

1. — *Le lan.*

Les feuilles fraîches du *lan* servent à la teinture en bleu
clair. Le picul de ces feuilles fraîches se vendait, à Canton,
de 1844 à 1846, l'été, 400 à 1400 sapèques, en moyenne
6 fr. 50 c. les 100 kil., et l'hiver, 2000 à 4000 sapèques,
en moyenne 22 fr. les 100 kil.

Pour teindre, on rince la toile dans l'eau froide, on la fait
sécher au soleil, et on la plonge dans un bain tiède de feuilles
de *lan*, dans lequel on a versé un peu de jus de citron.
Uching ne mettait pas de jus de citron.

Le *lan* est très-commun dans les provinces de Kouang-

1. L'étude des matières et des procédés, dont une longue et heureuse expérience dans les fabriques du Céleste Empire atteste la valeur, et que l'industrie
européenne veut s'approprier, sera plus facile, plus certaine, quand M. Stanislas Julien aura publié le traité des *Arts chimiques en Chine,* dont il a déjà
préparé les matériaux. Les ouvrages de M. Julien sur l'Éducation des vers à
soie et sur la Porcelaine montrent assez l'exactitude et la richesse des encyclopédies chinoises, et font pressentir l'intérêt scientifique et l'utilité industrielle
qu'aura le nouveau livre de l'illustre professeur au Collége de France.

toung, de Fo-kien et de Tché-kiang; j'en ai vu des cultures très-étendues sur la rive droite du Tchou-kiang, aux environs de Canton, à Kou-lang-sou, sur les rives du Loung-kiang et de ses affluents, depuis Haï-tching et Chi-ma jusqu'à Tchang-tchéou-fou; on m'a assuré qu'il n'est pas moins abondant dans le voisinage de Ning-po.

Il est difficile de dire le nom botanique du *lan*, ou plutôt de cette espèce de *lan*. Le *ho-lan*[1], le *lan-ts'ao*[2], le *si-lan*[3], sont, d'après Loureiro, les Drs Bridgman et W. Williams, le *Polygonum tinctorium*, Lour. (*Ampelygonum tinctorium*, Lindley). Deux autres *lan*, le *ma-liao* et le *chouï-liao*, sont, le premier le *Polygonum barbatum*, L., le second le *Polygonum perfoliatum*, L.[4]. Les auteurs et les voyageurs ne signalent pas d'autres espèces, et cependant le *lan* dont je m'occupe ici est certainement différent des précédents. J'en ai eu, à Canton, sous les yeux, de grandes quantités destinées aux teinturiers, et j'ai fait de cette plante une description qui ne s'applique pas à une polygonée, la voici :

« Le *lan*, que l'on apporte du faubourg de Ho-nan aux teinturiers de Canton, est en touffes fraîches, formées chacune de deux ou trois tiges. Chaque tige part du collet de la racine, et a environ 30 centimètres de haut. La plante est herbacée, traçante; la racine est composée et ramifiée; les rameaux des tiges sont opposés; les feuilles sont opposées, entières ou très-peu dentelées, penninerves, raméales, d'un beau vert foncé qui passe au bleu quand la plante se dessèche. »

Les feuilles des polygonées sont *alternes;* le *lan* dont je parle n'est donc pas une polygonée, et cependant, depuis un siècle, tout le monde signale l'emploi à Canton de l'indigo

1. Loureiro, t. I, p. 241.
2. Bridgman, *A Chinese Chrestomathy*, p. 459.
3. W. Williams, *English and Chinese vocabulary*, p. 108.
4. Hoffmann et Schultes, *Catalogue*, n°s 438 et 443.

extrait sur place du *Polygonum tinctorium*. Malgré mes doutes
à cet égard, et bien qu'un teinturier de Tours, M. Margueron,
affirmât, en 1847, que ma description se rapportait à une
espèce tout à fait différente non-seulement des *Polygonum*,
mais des autres plantes indigofères connues alors en Europe [1],
j'ai commis moi-même cette erreur [2]; je n'ai pas osé maintenir
le fait dont j'étais certain, ne pouvant croire que personne
n'eût remarqué et fait connaître la plante qui est peut-être la
plus commune et la plus usuelle à Canton. La vérité est que
l'on en est encore réduit à des conjectures.

Comme chez les asclépiadées, les feuilles sont toujours opposées, et comme plusieurs asclépiadées donnent de l'indigo,
il serait possible que le *lan* appartînt à cette famille.

Lorsque j'étais à Canton, n'ayant d'autre livre de botanique
que la *Flore* de Loureiro, j'avais cru reconnaître, dans le
lan, le *Spilanthus tinctorius* (*Adenostemma tinctorium*, Cassini),
avec les feuilles duquel on prépare, en Chine et en Cochinchine, dit Loureiro, plus facilement qu'avec celles de l'indigotier, une excellente teinture bleue [3].

Depuis la publication du dernier ouvrage de M. Fortune [4],
mon attention s'est portée de nouveau sur ce point. Je tra-
duis, en l'abrégeant, le passage qu'a consacré à une nouvelle sorte d'indigo cet entreprenant voyageur : « L'indigo
qui attira mon attention, dans la province de Tché-kiang, a
autant de prix, si ce n'est plus, que celui de l'*Isatis indigotica*. Il est tiré d'une espèce de *Ruellia*, qui, jusqu'à ce
qu'elle ait reçu un meilleur nom, peut être appelée *Ruellia
indigotica*. Il est singulier qu'une plante de ce genre, la même
apparemment, ait été découverte récemment dans le pays
d'Assam dans l'Inde, où on la cultive également pour la tein-

1. Hedde, *Description méthodique*, p. 165.
2. *Commerce d'exportation de la Chine*, p. 192.
3. Loureiro, t. II, p. 484.
4. *A Residence among the Chinese*, 1857.

ture bleue qu'elle fournit[1]. Qui sait si l'on ne découvrira pas enfin que cette espèce, qui produit une teinture inconnue du commerce, est cultivée partout depuis les côtes orientales de la Chine jusqu'aux frontières du Bengale. Ce *Ruellia* paraît être d'une culture facile, et il n'est pas douteux qu'il ne soit très-productif. Bien qu'il appartienne évidemment à une latitude plus chaude, il réussit parfaitement dans le Tché-kiang, comme culture d'été. On le plante à la fin d'avril ou au commencement de mai, quand on n'a plus à craindre les gelées du printemps; on le coupe en octobre, avant celles d'automne et avant que la fleur soit formée. Dans cet intervalle, il atteint la hauteur de 30 à 45 centimètres, devient très-touffu et se couvre de feuilles (pages 158 et 159). »

A Canton, qui est, à la vérité, de 7 degrés plus au sud que Ning-po[2], le *lan* résiste ordinairement aux froids de l'hiver, mais on le vend dans cette saison deux ou trois fois plus cher qu'en été, 20 à 25 cent. le kil., au lieu de 5 à 10 c.

D'après M. Fortune, on extrait, dans le Tché-kiang, l'indigo des tiges et des feuilles de ce *Ruellia* par le procédé bien connu de la macération et du battage, et on le livre au commerce en pâte qui se vend sous le nom de *tien-ching*, 50 à 100 sapèques le catty, soit 40 à 80 cent. le kil. (pages 160 à 163). A Canton, où l'on peut employer dans la journée le *lan* coupé le matin, on supprime cette fabrication et l'on monte les cuves directement avec les feuilles de *lan*.

Je connais le *Ruellia indigotica* de M. Fortune par le dessin qu'en a fait M. D. Hanbury, d'après un exemplaire de l'herbier de M. le docteur Lindley; c'est, je crois, la même espèce que le *lan* de Canton, et elle est, en tout cas, différente du *Spilanthus tinctorius*, Lour. On n'a encore vu ni la fleur ni le fruit de l'une et l'autre plante, mais elles sont si abondantes dans les parties de la Chine qui ont toujours été le plus fré-

---

1. M. Fortune veut parler peut-être du *Ruellia comosa*, Wallich. Voy. p. 35.
2. Canton est par 23° 8' de lat., et Ning-po, par 29° 55'.

quentées par les Européens[1], que l'on ne peut tarder à les mieux connaître.

Quoi qu'il en soit, il est évident qu'il y a plusieurs espèces de *lan*. Les teinturiers s'accordent à en distinguer deux : le *lan* du midi et le *lan* du nord. Ce dernier est un *Polygonum*.

Les missionnaires de Pé-king écrivaient, vers 1784 : « Il paroît hors de doute que la plante *lan*, ou anil, dont on tire l'indigo, a été connue et cultivée pour la teinture bien des siècles avant l'ère chrétienne[2]…. L'anil ne pouvant bien croître que dans les provinces méridionales, le génie chinois est venu à bout de suppléer l'anil par une autre plante, et d'en tirer un demi-indigo, disoit-on jadis…. On appelle cette plante *siao-lan* dans le Pé-tchi-li, et dans les autres provinces du nord où on la cultive annuellement…. On doit savoir que le *siao-lan* est une vraie persicaire, commune en France…. Les Chinois tirent encore du bleu de deux autres plantes[3]. »

Le R. P. Cibot n'est pas moins affirmatif : « Ce n'est que dans les provinces méridionales qu'on cultive le *nimi-lan*, nous n'en avons pas vu : il paroît que c'est le véritable anil d'Amérique. Dans les autres provinces, on tire le bleu des teintures de différentes plantes. Celle de Pé-king est une espèce de persicaire, au dire de quelques Européens[4]. »

Kraschennikow a rapporté au genre *Persicaria* deux espèces qu'il avait obtenues de graines envoyées de Pé-king par le R. P. Gaubil ; ce célèbre missionnaire lui avait annoncé que les Chinois en tirent de l'indigo[5], et le mode d'extraction a été décrit avec soin par le R. P. Cibot et un autre père de la mission de Pé-king[6]. Sir Georges Staunton parle de plan-

1. Les environs de Canton et de Ning-po.
2. Le *lan-hoa* est cité dans une ode du *Chi-king*, comme fournissant une teinture bleu foncé.
3. *Mémoires concernant les Chinois*, vol. XI, p. 73 à 77.
4. *Mémoires concernant les Chinois*, vol. V, p. 499.
5. *Novi commentarii Academiæ scientiarum imperialis Petropolitanæ*, 1750, t. I, p. 355 à 377.
6. *Mémoires concernant les Chinois*, t. V, p. 499 ; t. XI, p. 76.

tations aux environs de Pé-king d'une espèce de *Polygonum*, dont les feuilles donnent, par la fermentation, un bel indigo[1]. Thunberg signale[2], et Loureiro conteste, l'usage en Chine et au Japon, pour la teinture en bleu, des *Polygonum chinense*, L., *barbatum*, L., et *aviculare*, L., mais le botaniste portugais indique l'emploi du *Polygonum tinctorium*[3]. Enfin, on cultive à Tchou-san une espèce de *Polygonum* pour sa couleur bleue, j'en ai vu des champs entiers que le docteur Cantor a aussi remarqués[4].

J'ai appris, d'un imprimeur sur toile de Ning-po, le peu que je sais du *lan* du nord : l'indigo que l'on en extrait se vend, en pains, sous les noms de *lan-tien* et de *yang-lan*; il sert à l'impression des toiles, et coûtait dans cette ville, en 1845, 6 à 700 sapèques le catty, soit 4 fr. 30 cent. à 5 fr. le kilo.

2. — *Le tien-hoa*.

A Canton, on teint directement en bleu avec les feuilles fraîches du *lan* de Canton; l'indigo, tiré du *lan* de Pé-king, se vend en pains, et l'on conserve à l'état pâteux et liquide l'indigo que l'on a extrait du *tien-hoa*.

Le *tien-hoa* est un *lan* du midi, l'*Isatis indigotica*, Fort. M. Fortune a donné de ce pastel, sous le nom de *tein-ching*, une bonne description et une figure dans le *Journal of the Horticultural Society of London*[5]. Il est probable que c'est la même plante que le P. du Halde appelle *tien-hoa*[6], et le P. d'In-

---

1. *An historical account of the Embassy to the Emperor of China*, p. 323.
2. *Flora Japonica*, p. 166 et 167.
3. T. I, p. 241.
4. Cantor, *General features of Chusan*, p. 4. — On cultive, dans le district de Chang-haï, « une sorte de *lán*, *Polygonum tinctorium*, ou indigo, appelé *zing-yang*, avec le *kin-zing* et le *hwuy-zing*, autres espèces tinctoriales. » (*General description of Shanghae*, 1850, p. 69.)
5. Vol. I, p. 269 à 271.
6. *Description de l'empire de Chine*, vol. I, p. 27.

carville *kouang-tien-hoa*. Cet *Isatis* croît dans la plupart des provinces de Chine, principalement dans celles de Fo-kien, de Kiang-sou, de Kiang-si, de Tché-kiang, de Kouang-toung, de Kouang-si. Une grande partie de l'indigo de *tien* que l'on consomme à Canton vient de cette dernière province, de l'arrondissement de Pé-lieou; à É-mouï, on en reçoit beaucoup de l'île Formose et du département de Thsiouen-tchéou-fou.

Il est livré aux teinturiers en pâte visqueuse, et ils ont soin de ne pas le laisser dessécher; sec, il ne fournit qu'une couleur noirâtre. Il se vendait, en 1845, 45 fr. les 100 kil., à É-mouï; 42 fr., à Ting-haï; 50 à 60 fr., à Ning-po; 90 fr., à Canton.

Le *tien-tsing*, 靛青, donne des bleus foncés solides. On monte la cuve avec 300 lit. d'eau froide, 38 kil. d'indigo de *tien* et 1 kil. $\frac{1}{2}$ de chaux de coquilles. Pour chaque kilogramme d'indigo que l'on met à nouveau dans la cuve, on ajoute 37 gram. $\frac{1}{2}$ de chaux, avec assez d'eau pour qu'elle reste pleine. On prépare la cuve six ou sept jours avant de teindre. Dans plusieurs ateliers, la pièce à teindre est trempée dans de l'eau vinaigrée.

On obtient avec le *tien-tsing* et le fruit du *kao-hoa* (*Fortunæa Chinensis*, Lindl.), un noir bleu estimé.

3. — *Le thou-tien, ou tcha-lan.*

Il existe en Chine plusieurs espèces d'*Indigofera*, et l'une d'elles fournit une teinture bleue, mais je n'ai pas observé que les teinturiers fissent de distinction entre cet indigo et celui du pastel. On les trouve communément dans le commerce tous les deux en pâte ou à l'état liquide.

Il y a dans les provinces méridionales de la Chine des cultures d'*Indigofera* très-étendues; elles le sont surtout dans le Kouang-si, le Kouang-toung et le Fo-kien. On m'a assuré

que cette plante n'est plus cultivée au delà du Tché-kiang,
et M. Fortune en a fait aussi la remarque.

On lit dans le *Thien-kong-khai-wou* (livre **I**, fol. 50) : « Depuis quelques années [1], les agriculteurs de la province de Fo-
kien cultivent tous, sur le versant des montagnes, le *tcha-lan*,
茶 藍 [2], qui produit plusieurs fois autant de bleu que
toutes les autres espèces de *lan*. » Ce passage s'applique à un
Indigofera, car un jardinier fokiénois, qui m'apportait des
plantes parmi lesquelles était un *Indigofera*, me le désigna sous
ce nom. Cet homme en connaissait trois espèces, qui diffé-
raient par les fleurs. Le Dʳ Wells Williams cite l'*Indigofera
coccinea*, Lour.; Loureiro, l'*Indigofera tinctoria*, qui est aussi
cultivé en Cochinchine, où on l'appelle *cham-nho-la*, 藍 .. [3]
蘿, et que j'ai cueilli aux environs de Touranne.

Ce que j'ai dit de la teinture avec le *tien-tsing* est vrai
pour le *thou-tsing*, 土 青. Un seul teinturier, Kong-tching,
préférait celui-ci pour les couleurs foncées; il avait fait plusieurs essais, et il en résultait que le bleu en pâte d'*Indigofera* est supérieur non-seulement aux autres indigos chinois
et à ceux de Siam, mais aussi aux indigos solides de Java et
de Manille. Il prétendait que ce n'est qu'avec lui que l'on
peut teindre en bleu-vert. M. de Bourboulon, ministre de
France en Chine, rapporte que, dans le nord, on parvient à
obtenir une couleur verte avec l'indigo, en exposant la teinture à la gelée et ensuite au soleil [4].

1. Le *Thien-kong-khaï-wou* a été publié par Song-ing-sing, en 1637.
2. Appelé aussi *song-lan*.
3. Le caractère *nho* n'existe pas en chinois. Il est sous la clef 42, qui est à
droite; au milieu, la clef 5, et à gauche un caractère formé des clefs 52 et 39,
la première étant au-dessus de la seconde.
4. Dépêche du 21 août 1852.

V.

Teinture en jaune et en vert avec le hoaï-hoa.

C'est ici le lieu de produire les faits qui ont été publiés en Angleterre par le Département de la Science et de l'Art, à propos du *vert de Chine ;* ils rentrent directement dans la question qui m'occupe.

Le Professeur Calvert, de Manchester, avait appelé l'attention publique sur les toiles vertes chinoises ; des manufacturiers de Manchester, MM. Halliday, Pochin et compagnie, s'adressèrent, le 8 décembre 1852, au Board of Trade pour obtenir des renseignements précis sur le *lo-kao.* Leur demande fut transmise au Ministre des affaires étrangères, et celui-ci fit faire des recherches en Chine.

Le Ministre d'Angleterre en Chine d'alors, sir Georges Bonham, paraît n'avoir reçu de rapports que de Ning-po et d'É-mouï ; du moins, le rapport de M. John A.-T. Meadows, interprète du consulat à Ning-po (13 juin 1853), et celui de de M. Ch.-A. Sinclair, interprète du consulat à É-mouï (18 mars 1853), sont les seuls qui aient été publiés[1].

M. Meadows dit que la matière employée par les Chinois, dans le Chan-toung, pour teindre les toiles de coton et les soieries en vert, est le *hwac hwa* (*hoaï-hoa*), qui est la fleur de l'arbre *hwac.* Selon M. Sinclair, on teint les toiles en vert, dans le Fo-kien, avec l'écorce de *lo-tsé,* la potasse et l'alun, et, dans le Tché-kiang, avec le *hwac hwa,* la fleur du *hwac,* et l'alun.

Ces assertions ont été accueillies avec une vive surprise, et je dirai même avec un sentiment d'incrédulité, par les personnes qui sont familières avec les produits et les procédés chinois ; je reviendrai sur ce dissentiment, je dois parler d'abord de la matière dont il s'agit.

1. *First Report of the Department of Science and Art,* p. 431 et 432.

1. — *Le hoaï-hoa* [1].

Le *hwae*, ou *hoaï*, selon l'orthographe française, est le *Styphnolobium Japonicum*, Schott, le *Sophora Sinica*, Rosier, le *Sophora Japonica*, Linn. ; je le désignerai par ce dernier nom, sous lequel il est plus connu. C'est un grand et bel arbre de la famille des légumineuses (papilionacées), qui est cité dans le *Tchéou-li* [2], et qui est acclimaté en France depuis plus d'un siècle. Il fut envoyé de Chine, en 1747, par le P. d'Incarville à Bernard de Jussieu; il existe de magnifiques Sophora du Japon dans les environs de Lyon, et, en 1820, on en abattit, à Écully, plusieurs dont le tronc était de telle grosseur qu'un homme pouvait à peine l'embrasser.

Les Délégués commerciaux en Chine qui ont fait connaître à nos fabriques, dès 1846, les *ou-peï-tse*, le carthame de Chine, le gambier, le gutta-percha, etc., et qui les ont fait entrer dans la pratique de l'industrie, ont signalé en même temps le *hoaï-hoa*. Leurs échantillons de cette matière furent examinés avec soin par le docteur J. L. Hénon, et le savant secrétaire de la Société d'agriculture de Lyon, reconnut, le premier, que c'est le bouton peu développé de la fleur du *Sophora Japonica* [3]. M. Decaisne est arrivé, de son côté, à la même conclusion. Il m'écrivait : « Les boutons de fleurs, nommés *hoaï-hoa*, que vous m'avez remis, me paraissent bien appartenir au *Sophora Japonica*, mais j'en connais d'autres qui en diffèrent complétement, et auxquels on attribue les mêmes qualités. »

Sir W. Hooker, auquel le Board of Trade soumit le *hoaï-hoa* envoyé par M. Meadows, le rapporte également à cette espèce (lettre au docteur Playfair, 7 octobre 1853). Le docteur

---

1. *Hoaï-hoa* ou *hoeï-hoa*, en kouan-hoa; *oué-fa*, à Canton; *waé-houo*, à Ning-po; *houaï-ho*, à É-mouï.

2. Le *Tchéou-li* a près de trois mille ans de date.

3. Sur le *wei-hwa*, par le Dr Hénon, *Annales de la Société d'Agriculture de Lyon* ; 1847, tome X, pages 531 à 533.

Lockhart a adressé à M. D. Hanbury le *hoaï-hoa* du commerce
et des rameaux en fleurs du *hoaï*, qui est très-commun dans
les jardins de Chang-haï, et l'opinion émise par M. Hénon en
1847 a été pleinement confirmée.

Le nom de *hoaï* s'applique à des plantes différentes : « L'arbre
hoaï[1], d'après le *Eul-ya*, s'appelle aussi 欅 (*hoaï*); il y
en a de plusieurs espèces : le bleu (*tsing*), le jaune (*hoang*),
le blanc (*pé*), le noir (*he*), ou *tchou-chi-hoaï*. Celui dont les
feuilles étroites, terminées en pointe, présentent des soies
bleues, est le *hoaï* proprement dit. Il y a aussi le *cheou-kong-
hoaï*, ou *hoaï* violet (*tsé*) : sa tige est faible, ses feuilles sont
violettes; elles se ferment le jour et s'ouvrent la nuit.... Le bois
des *hoaï* est très-estimé, il peut servir à faire des meubles,
des vases et autres objets[2] (*Cheou-chi-thong-khao*, liv. LXVII,
fol. 1). » J'ai rapporté, en 1846, des graines de *hoaï* noir,
de *hoaï* violet, de *hoaï* du midi et de *hoaï* jaune, provenant de
jardins des environs de Canton.

Le nom japonais du *hoaï*, que l'on prononce *kouaï* au Japon,
est *yen zjou*. Kæmpfer l'appelle *quai kaku*, ce qui signifie *la
silique du hoaï* (*hoaï kio*); Thunberg écrit *iendsu no ki*, ce qui
veut dire *l'arbre de yendsu*. Cet arbre a été porté de la Chine
au Japon, et n'y était pas encore bien acclimaté du temps de
Kæmpfer[3]; il est figuré dans le *Kwa wi*, IV, 19.

Le *hoaï-hoa* dont M. Meadows parle et celui que le docteur
Th. Martius a étudié, sont pareils à celui que les Délégués se
sont procuré dans les teintureries chinoises.

Le *Sophora Japonica* est aussi abondant au nord qu'au midi
de la Chine, à Pé-king[4] qu'à Chang-haï et à Canton; il est cul-

1. Le caractère chinois est celui du n° 4441 du Dictionnaire du P. Basile.
2. Le bois du sophora du Japon est veiné de noir, de gris et de jaune; il a
le grain fin et convient pour l'ébénisterie et le tour (G. Giobert, *Calendario
Georgico* de 1826, page 25).
3. Kæmpfer, *Amœnitates exoticæ*, 1712, fasc. V, page 841. Thunberg, *Flora
Japonica*, page 178.
4. « Frequens in urbe Pekino et in viciniis » Bunge.

tivé du 23° au 40° degré lat. N.; il croît dans la province de Kouang-toung et de Kouang-si; on le trouve partout dans le Fo-kien, le Tchè-kiang, le Kiang-sou, le Ngan-hoeï, le Ho-nan et le Sse-tchouen, et il n'est pas moins commun dans les provinces de Chan-toung et de Tchi-li.

Le *hoaï-hoa* du nord est le plus estimé.

Cette matière valait, à Canton, en 1845, 8 à 10 piastres le picul, soit 75 à 95 centimes le kilo. Le *hoaï-hoa* du Chan-toung, se vendait à Ning-po, en juin 1853, 6000 sapèques, et celui du Tché-kiang était payé 5000 sapèques. La piastre à colonnes se changeait alors contre 1460 sapèques; on ne peut la compter, vu l'époque, à moins de 7 fr. 50 cent.; de sorte que le prix du premier est de 51 cent. le kilog., et celui du second, de 43 centimes. D'après M. Sinclair, le picul de *hoaï-hoa* coûtait, en juin 1853, à É-mouï ou à Tchang-tchéou-fou, environ 20 taels d'argent [1], soit au change moyen de 7 fr. 50 cent. la piastre, 3 fr. 45 cent. le kilog. L'erreur est d'autant plus évidente que M. Sinclair ajoute que le *hoaï* abonde dans le Tché-kiang.

Le *hoaï-hoa* donne une teinture jaune, cela ne saurait être contesté; mais, d'après des témoignages qu'il est difficile de récuser, il servirait également à teindre en vert. Ce dissentiment ne peut manquer d'amener des expériences nouvelles, et je dois me borner à exposer les faits.

Cette matière a été étudiée, en 1851, par M. D. Hanbury et le docteur Th. Martius, et en 1853, par le professeur Stein, de Dresde. Le premier a obtenu une infusion d'un jaune très-vif; le second a séparé, par l'alcool, à chaud, 11 pour 100 en poids d'une substance pulvérulente vert pâle, qu'il a appelée *waifine* [2]. Le principe colorant que M. Stein a isolé, n'est

1. A É-mouï, le tael d'argent équivalait encore alors, en moyenne, à 1 piastre 39 cents.

2. Dr Th. Martius, *On wai-fa; Pharmaceutical journal for august* 1854. Lettre du 12 août 1857.

autre, selon lui, que l'acide rutinique, identique avec la *wai-fine* du docteur Martius[1].

2. — *Teinture en jaune avec le hoaï-hoa.*

Le R. P. Cibot, de l'ancienne mission de Pé-king, qui s'est occupé, avec un grand zèle et une exactitude rare, des sujets qui se rattachent à l'histoire naturelle et à l'industrie, a décrit en ces termes la préparation du *hoaï-hoa* dans un mémoire sur la teinture chinoise :

« On se sert plus universellement des fleurs du faux acacia, qui croît partout sans aucun soin, elles donnent un très-beau jaune. Quand elles sont prêtes à s'épanouir, on les recueille, on les détache de leur calice, et on les fait sécher à un soleil ardent, ou encore mieux dans une casserole de fer, et on les tourne et retourne, comme si on vouloit les rissoler : puis on les humecte avec du suc d'autres fleurs qu'on a pilées, et où l'on a mis du sel. Après les avoir bien maniées, on en fait des boules qui doivent être séchées au nord. Il y en a qui, au lieu de sel, se servent de chaux, ou même se contentent d'en saupoudrer leurs fleurs, après l'avoir tamisée très-fin[2]. »

Le P. Basile de Glémona dit que le *hoaï* est un arbre semblable à l'acacia, des fleurs duquel on tire une matière tinctoriale jaune[3].

---

1. On trouvera dans le *Chemisch-pharmaceutisches central blatt* (Leipzig, 30 mars 1853, n° 13, p. 193 à 198), la description des nombreuses expériences du professeur Stein ; les propriétés de la matière colorante du *hoaï-hoa* sont pareilles à celles de l'acide rutinique (*rutinsaüre*) des boutons de fleur du *Capparis spinosa*[*], et à celles du corps découvert par Weiss dans le *Ruta graveolens* et analysé par Bornträger. La formule de l'acide rutinique, est $C^{12} H^{9} O^{8}$.

2. *Mémoires concernant les Chinois*, tome V, pages 498 et 499.

3. *Dictionnaire Chinois-latin*, page 315.

[*] Fr. Rochleder et Hlasivetz, *Chemisch-pharmaceutisches central blatt*, mai 1852, n° 24, p. 369 à 373.

La fleur fournit, suivant M. Fortune[1] et M. Hoffmann[2], une teinture jaune ; la pulpe des gousses, d'après le docteur Lindley, une couleur jaune ou orange[3] ; Rochleder indique, dans la *Phytochemie* (1854, page 2), que la substance visqueuse dont les graines sont entourées renferme un principe colorant jaune, purgatif comme celui du *Sophora heptaphylla*, L. Le docteur Th. Martius rapporte que ce mélange de boutons de fleurs, de fragments de pédoncules et de tiges, que l'on vend en Chine sous le nom de *hoaï-hoa*, y sert à teindre en beau jaune les étoffes de soie destinées aux vêtements des mandarins[4]. Enfin, c'est aussi comme matière colorante jaune que M. W. Stein et M. von Kurrer, ce dernier au point de vue technique, s'en sont occupés en 1853[5].

J'ai vu teindre, et j'ai teint moi-même, en Chine, des soies et des toiles de coton, en jaune, avec le *hoaï-hoa*. M. l. Hedde a teint également à Canton des soies avec cette matière.

Voici le procédé qui est pratiqué dans la teinturerie de Hoa-ching, à Canton :

« On met le *hoaï-hoa* dans une chaudière pleine d'eau, on chauffe, on maintient l'ébullition pendant une heure et demie, et l'on plonge dans ce bain la pièce, qui, depuis la veille au soir, était dans un bain d'alun. »

Un autre teinturier de soies, Kong-tching, dont l'atelier est à Canton, dans Taï-tsat-pou, un peu plus loin que la longue rue Ta–thong, où sont les grands magasins de draps, de serges et de camelots, m'a donné une notice de ses procédés

1. *A Residence among the Chinese,* page 166.
2. Lettre du 28 août 1857.
3. *The vegetable kingdom,* 3ᵉ édit., page 548.
4. *Neues Jahrbuch für Pharmacie,* avril 1854. Voy. aussi Bancroft, vol. II, page 110.
5. Stein, *Chemisch-pharmaceutisches central blatt,* mars 1853, n° 13, p. 198. — Kurrer, *Dingler's journal,* cxxix, p. 219. — Voy. aussi la notice de M. Bleekrode, *De Volksvlijt,* 1856, xxxii, p. 421.

de teinture ; je transcris le passage qui est relatif au *hoaï-hoa* :

« Prenez de l'eau bouillante ; mettez-y le *hoaï-hoa*, et laissez-le longtemps dans cette eau.

« Au bout d'un certain temps, la couleur et l'odeur montent. Décantez ; le résidu n'est bon à rien.

« Prenez cette eau ; pour la rendre tiède, ajoutez de l'eau chaude, et plongez la pièce dans ce bain. Manœuvrez-y-bien la pièce.

« Cela fait, il faut de l'eau de source pour rincer la pièce. Après le rinçage, la toile a une belle couleur jaune.

« Vous devez faire usage, pour cette teinture, d'un peu d'alun. Commencez par mettre la pièce dans une eau d'alun, un jour et une nuit, ou une seule nuit ; teignez ensuite, et c'est fini. »

Tchu-yune, teinturier de coton, sur le quai Choè-kioh, et U-ching, autre teinturier, qui est voisin de Kong-tching, ne font usage aussi du *hoaï-hoa* que pour la teinture en jaune.

Pareil est son emploi dans les ateliers de Ning-po, de Tchang-tchéou-fou et de Ting-haï. Sang-sine, fabricant de tapis à Ning-po, obtenait avec ces boutons de fleur, sur laine et sur poil de chèvre, un jaune jonquille assez vif[1] ; cette matière sert, à Ting-haï, à teindre les toiles en jaune au prix de 25 centimes le mètre carré[2], à Ning-po et à Tchang-tchéoufou, à les imprimer.

A ces faits s'ajoute une autre preuve : M. Hedde et moi nous avons remis cette substance à des teinturiers à Lyon et à Paris, elle ne leur a fourni, sur soie et sur coton, qu'une couleur jaune[3]. Il y a plus encore : M. Hénon eut à peine

---

1. Il faut 4 taels (152 gr.) de *hoaï-hoa* par catty (605 gr.) de laine.
2. Cette teinture coûte 120 sapèques la pièce de 10 pieds de long sur 2 des large.
3. Hedde, *Description méthodique*, pages 179, 180, 185.

découvert la nature du *hoaï-hoa*, que M. Seringe fit cueillir les fleurs en bouton des sophora du Japon, qui se trouvent au Jardin des plantes de Lyon; MM. Michel, Guinon et Renard en tirèrent une belle teinture jaune[1]. Le résultat fut le même avec des boutons de fleurs des sophora des Jardins royaux de Kew, avec cette différence cependant que le *hoaï-hoa* donne un jaune plus intense (docteur Th. Martius).

MM. Michel et Guinon firent, en 1847, une étude complète du *Sophora Japonica*, et le rapport que M. Guinon a présenté, le 13 août 1847, à la Société d'agriculture de Lyon, ne laisse aucun doute sur les propriétés tinctoriales de cet arbre.

« La couleur jaune, dit-il, n'existe ni dans l'écorce ni dans le bois[2]. A peine sensible dans la feuille, on la trouve en grande quantité dans les boutons, et surtout dans les fleurs; mais celle des fleurs est plus brune que celle des boutons, ce qui explique la préférence que les Chinois donnent à ceux-ci. Le calice en donne peu, les étamines davantage, et enfin les pétales, qui sont *blancs*, en contiennent beaucoup. Elle paraît être en combinaison avec un acide végétal qui affaiblit et masque la couleur, laquelle passe instantanément du blanc au jaune foncé, par l'action de l'ammoniaque. Cette propriété n'appartient pas exclusivement au sophora du Japon; on la retrouve dans plusieurs arbres et plantes dont la fleur est blanche. L'acacia ordinaire, qui appartient aussi à la famille des légumineuses, présente sous ce rapport, de l'analogie avec le sophora, mais avec beaucoup moins d'intensité.

« La couleur jaune a beaucoup d'analogie avec celle de la gaude; mais elle est moins propre à produire des jaunes clairs, tels que paille, citron, etc., qui restent pauvres et désagréables à l'œil. Dans les jaunes orangés, comme le bou-

---

1. Hedde, *Description méthodique*, pages 182 et 185.
2. Cependant les branches ont donné sur laine, à Dambourney, une nuance citron pâle (page 218).

ton d'or, cet inconvénient se change en avantage, et la couleur riche et nourrie possède un degré de solidité supérieur à celui obtenu d'un mélange de gaude et de rocou. Cette dernière condition est importante pour les étoffes d'ameublement, quoique la teinte soit un peu moins pure....

« Les alcalis rougissent la nuance.... Les acides la décolorent.... Le bi-chromate de potasse fait rougir à l'instant la solution, ainsi que la soie teinte, en les poussant à une couleur acajou clair....

« Une partie de fleurs du sophora donne une nuance équivalente à celle fournie par trois parties de gaude, tiges et racines comprises [1].... »

Vingt ans auparavant, vers 1825, le professeur G. Giobert, de Turin, avait fait sur le *Sophora Japonica* un travail dont la partie tinctoriale n'est qu'ébauchée, mais qui est intéressant dans son ensemble. Ce mémoire a été inséré dans le *Calendario Georgico* de l'année 1826[2]. Voici ce que dit M. Giobert : « Les fleurs jaunâtres du sophora du Japon sont employées, au Japon, par les teinturiers, qui en tirent une couleur jaune ; ce n'est pas seulement des fleurs, c'est aussi des feuilles, des rameaux, de la pulpe du fruit, que l'on peut extraire une matière colorante jaune, dont la beauté varie selon le mordant avec lequel on la fixe. On n'a pas encore observé que les graines sont enfermées dans une pulpe gommeuse, qui, desséchée, ne s'altère pas par l'humidité comme les autres gommes et n'a pas leur fragilité. On n'a pas non plus remarqué que ce sophora est un arbre gommifère, et que sa gomme est égale à celle des mimoses de l'Arabie et du Sénégal. »

Le *Board of Trade* a remis le *hoaï-hoa*, envoyé par M. Meadows, à M. John Mercer et à M. Walter Crum. Ceux-ci ont rendu compte de leurs essais dans des lettres qui sont impri-

1. Rapport sur le *wei-hwa* ; *Annales de la Société d'agriculture de Lyon*, tome X, pages 534 à 536.
2. *Della sofora del Giappone*, pages 24 à 26.

mées dans le premier rapport du Département de la science et de l'art[1]. M. John Mercer n'a pas trouvé de traces de couleur verte. « Le *hoaï-hoa* renferme, dit-il, une matière colorante d'un jaune pur, qui ressemble beaucoup à celle de la graine de Perse, et qui a la même odeur quand on la fait bouillir. Elle contient peu ou point de tannin ; une dissolution chaude devient orange, si l'on y ajoute un peu de proto-chlorure d'étain.... » Je reproduirai plus loin le résultat des expériences de M. Walter Crum.

3. — *Teinture en vert avec le hoaï-hoa.*

Le docteur Hénon avait dit, dans sa note du 2 juillet 1847 : « Le *wei-hwa* sert à la teinture du jaune, et peut-être du *vert*. » Au rapport de M. Meadows et de M. Sinclair, le *hoaï-hoa* donne en effet, *seul*, une couleur verte.

Voici ce que M. Meadows a observé : Pour teindre en vert mille pieds[2] de toile de coton, de 1 pied et demi de large, il faut 500 taels (18 kil. 900) de *hoaï-hoa*, 100 taels (3 kil. 780) d'alun et 500 catties (environ 300 litres) d'eau. On fait bouillir pendant six heures, on met ensuite la toile dans ce bain, on fait bouillir durant trois ou quatre heures, et l'on fait sécher au soleil. On remet la pièce dans le bain, on la soumet à une ébullition nouvelle, on étend encore au soleil, et l'on recommence une ou deux fois de plus, selon que l'on veut un vert plus ou moins foncé. « Il est d'usage, dans le Tché-kiang, ajoute M. Meadows, de teindre le coton, comme la soie, d'abord en bleu clair, avant de teindre l'un ou l'autre

1. Pages 432 à 435.
2. Le pied chinois est à Ning-po, d'après M. Meadows, de 35 centimètres ½. — On fait usage de trois sortes de pied à Ning-po : c'est du pied des tailleurs le *tsaï-fong-tchi*, que M. Meadows veut certainement parler ; j'en ai mesuré plusieurs qui avaient 356 à 358 millimètres de long. Feu Robert Thom m'assurait, à Ning-po, que ce pied a 358 mill. 1/10, ce qui le rendrait égal, à peu de chose près, à 14 pouces des Hia.

en vert. Dans le nord de la Chine, dans la province de Chan-
toung par exemple, les tissus de coton et ceux de soie sont
teints directement en vert. (*The cotton cloths and silks are not
previously dyed a light blue colour, but are dyed green from
their original colour of white* [1]). »

Les renseignements que M. Sinclair a pris à É-mouï s'accordent avec ceux que M. Meadows a recueillis auprès des
teinturiers de Ning-po. On a dit à M. Sinclair que, dans la
province de Tché-kiang, on teint en vert avec le *hoaï-hoa*
seul, l'alun servant de mordant et le procédé étant de tout
point pareil à celui que l'on pratique avec l'écorce de *lo-tsé*
(Voy. page 70). Il n'y a, à É-mouï, qu'un seul atelier dans
lequel on sache teindre le coton avec le *hoaï-hoa*. A Tchang-
tchéou-fou, la teinture verte des satins est faite avec le *hoaï-
oha ;* le procédé est tenu secret [2].

M. Walter Crum a fait des expériences avec le *hoaï-hoa*. Il
écrivit, le 18 octobre 1853, au docteur Playfair : « En suivant
le procédé chinois, cette matière fournit une teinture jaune,
qui, en Chine, après avoir été exposée quelque temps au soleil,
devient verte, mais ici, ce n'est qu'au bout de trois ou quatre
jours qu'il y a des indices du commencement d'un pareil
changement (*Signs of such a change being about to take place*). »
M. Crum indique l'acide chromique comme devant peut-être
remplacer l'effet d'un soleil ardent, et suppose que le *hoaï-hoa*
renferme un principe colorant jaune, qui passe au vert par
la double action du soleil et de l'air [3].

Deux faits importants donnent plus de consistance à ces
présomptions. Sir G. Staunton relate, dans l'histoire de l'ambassade de lord Macartney, que, dans le Tchi-li, sur le par-
cours de Pé-king à Jého, on fait usage d'une teinture de couleur verte, extraite des boutons et des bourgeons d'une espèce

1. *First Report of the Department of Science and Art*, page 431.
2. *First Report*, page 432.
3. *First Report*, page 433.

de *Colutea*[1]. Enfin, la Compagnie des Indes envoya à l'Exposition universelle de Londres du *whi-meï*, qui fournit une couleur *verte* et qui vient du Chan-toung, et M. Fortune affirme que le *whi-meï* est la fleur du *Sophora Japonica*.

4. — *Extraits de livres chinois*.

Ces affirmations diverses laissent la question indécise ; il restait à interroger les anciens livres chinois. M. Stanislas Julien voulut bien parcourir, à ma demande, les encyclopédies et découvrit bientôt, dans le *Thien-kong-khaï-wou*, un passage dont on va apprécier l'intérêt.

Le *Thien-kong-khaï-wou* est une encyclopédie des arts et métiers de la Chine, qui a été publiée par Song-ing-sing dans l'année 1637, c'est-à-dire à la fin de la dynastie des Ming[2].

Voici le passage traduit littéralement par M. Stanislas Julien :

« Tout arbre *hoaï*, après environ dix ans[3], produit alors des fleurs et des fruits. Les fleurs qui commencent à s'essayer (*sic*) et qui ne sont pas encore ouvertes, s'appellent *hoaï-jouï* (boutons de *hoaï*) ; on s'en sert pour teindre en vert les vêtements, de même que le *houng-hoa*[4] donne une teinture rouge.

« Pour recueillir (ces boutons), on étend au-dessous de l'arbre, et tout alentour, une étoffe d'un tissu serré, afin de les recevoir (quand on les fait tomber).

« On les fait bouillir dans l'eau ; après le premier bouillon, on les met égoutter dans un filtre, on les fait sécher, on

---

1. *An historical account of the Embassy to the Emperor of China*, 1797, page 323.

2. M. Stanislas Julien a donné la table des matières de ce précieux manuel de l'industrie chinoise, dans son ouvrage sur l'*Histoire et la Fabrication de la Porcelaine chinoise*, p. LXXI, note 1.

3. L'arbre donne des fleurs au bout de quatre ans ; on cueille ces fleurs en mai, juin et juillet (Meadows).

4. Le *houng-hoa* ou *houng-lan-hoa* est le *Carthamus tinctorius*, L.

les pétrit avec les doigts, et l'on en forme des pains. Ces pains entrent dans les ateliers des teinturiers pour être employés.

« Les fleurs, quand elles sont une fois ouvertes, prennent peu à peu une couleur jaune. Quand on les recueille pour s'en servir (pour teindre), on les mêle avec un peu de chaux, on les fait sécher au soleil, et on les conserve[1]. »

Le *Thien-kong-khaï-wou* est en contradiction avec d'autres ouvrages dont l'autorité n'est pas moindre. Le *Pen-thsao-kang-mou*[2], l'encyclopédie *Kouang-kiun-fang-pou*[3], l'encyclopédie d'agriculture *Cheou-chi-thong-khao*[4], contiennent sur le *hoaï* une même notice qui est empruntée à l'ancien dictionnaire *Eul-ya*. Après avoir décrit cinq espèces de *hoaï*, l'auteur du *Eul-ya* arrive au *tchou-chi-hoaï* :

« Il y a encore le *hoaï* qui est de couleur noire; on l'appelle vulgairement *tchou-chi-hoaï*, 猪 屎 羢 ; son bois n'est d'aucun usage. Dans le quatrième ou le cinquième mois, des fleurs jaunes s'épanouissent. Quand elles ne sont pas encore écloses, leurs boutons ont la forme de grains de riz. On les cueille, on les fait sécher au soleil, on les fait griller au feu, on les fait bouillir dans l'eau; elles donnent une teinture jaune très-vive. »

Le *Weï-tsi-yu-pien* indique la manière de préparer la teinture : « Prenez un demi-*ching*[5] de fleurs de *hoaï*, et faites-les griller jusqu'à roussir leur couleur jaune. Faites-les cuire ensuite dans l'eau. Après quelques bouillons, et quand la couleur est devenue épaisse, jetez-les sur un filtre de soie.

1. Livre I, fol. 51.
2. Livre XXXV, fol. 32.
3. Livre LXXIX, fol. 6.
4. Livre LXVII, fol. 1.
5. Je ne connais pas encore exactement la mesure métrique du *ching*, dont le volume est, au rapport du Dʳ W. Williams, de 31.6 pouces cubes chinois. Il serait, de ⅓ de litre, suivant les données fournies par le P. Amiot, en 1769; de près de 1 litre, d'après des étalons que j'ai reçus de Chine et en cal-

Réduisez en poudre très-fine une demi-once[1] d'alun blanc et une once d'écailles d'huîtres ; mettez-les dans le suc et remuez jusqu'à ce que tout soit bien fondu et mélangé, (livre XII, fol. 10). »

Que conclure, si ce n'est que de nouveaux essais sont à faire ? Ils seront décisifs cette fois, et ils sont faciles, car le *hoaï-hoa* est abondant en Chine, et n'y coûte que 60 à 80 francs les 100 kil.

culant avec le pied de 0^m315^* ou celui de 0^m3185^{**}. J'incline à penser que le *ching* est d'environ $\frac{53}{100}$ de litre, et voici sur quoi je me fonde : j'ai 2 étalons, l'un de $\frac{55}{100}$, et l'autre de $\frac{51}{100}$ de litre ; ceux que je tiens de sir J.-F. Davis, alors ministre en Chine, sont peut-être, malgré l'indication contraire, des *teou* et des *ching* doubles ; la capacité du *tsang teou*, cité par le Dr W. Williams, donne $\frac{51}{100}$ de litre pour le *ching*; enfin, je trouve $\frac{53}{100}$ de litre, en calculant avec le pied des Hia, de 0^m2555. Le *ching* serait donc le double du *log* des anciens Égyptiens, du cotyle grec et du *cudaba* des Hindous.

1. J'ai dit, p. 12, que le *kin* (catty ou livre) est de $604^{gr}73$, et se divise en seize *liang* (taels ou onces) : le liang est donc de $372^{gr}795$, comme je l'indique en note, p. 67 et 75. Ce poids, que la Compagnie des Indes orientales d'Angleterre adopta vers 1770, est, depuis les Règlements de 1843, le seul dont on fasse usage dans le commerce et à la douane chinoise. Le *liang* est en réalité un peu plus faible, mais on n'est pas d'accord sur son poids : il serait, d'après le *Guide du commerce de la Russie avec la Chine*, de $37^{gr}662$; d'après le P. Le Comte, de $37^{gr}600$; d'après J.-R. Morrison et le Dr Bridgman, de $37^{gr}569$; d'après J. Thompson, de $37^{gr}543$; d'après Kupffer, de $37^{gr}229$; d'après Osbeck, de $36^{gr}969$; d'après le P. Collas, de $35^{gr}880$. J'ai calculé que les cubes d'or, d'argent et de plomb que l'empereur Choun-tchi fit fondre en 1648, donnent, pour le *liang*, une moyenne, de $37^{gr}50$; cette moyenne et celle des étalons, poids *sse-ma*, que j'ai fait faire dans plusieurs villes de Chine, m'autorisent à conclure que le *liang* est, à très-peu de chose près, égal à $37^{gr}54$. Quand on pèse l'argent, on fait usage aujourd'hui d'un *liang*, qui est de $37^{gr}527$ à Canton, et de $33^{gr}656$ à Chang-haï.

* Le *tchi* qui est figuré dans le *Taï-thsing-hoeï-tien-thou*, sect. *Yo-ki*, et par le P. Martini dans l'*Atlas de la Haute-Asie* (Amsterdam, 1663), est de 0^m315.

** Le *tchi* officiel de la dynastie actuelle est de 0^m3183, d'après un étalon donné par feu le capitaine Balfour à M. de Lagréné; sir G. Staunton le porte à 0^m3175 ; le P. Noël à 0^m3181. Le *Fo-kien-i-tchi*, dont on se sert communément dans le Kiang-sou, est de 0^m319, ce qui correspond à peu près au pied des Chang et des Tang. Celui-ci était de 12 pouces $\frac{1}{2}$ des Hia (0^m3194); le *khio-tchi* des Ming a été pareil.« C'est l'étalon universel dans tout l'empire;» le *ing-tsao-tchi*, à l'usage des ouvriers et des marchands ; le *kouan-tchi*, ou « pied juridique » (P. Amiot). A Chang-haï, le *hae-kouan-tchi* actuel étant égal à 9 pouces du *i-tsai-tchi* (0^m355), n'est autre que le pied des Chang ; les empereurs de la dynastie Chang ont régné du xviiie au xiie siècle avant J. C.

J'ai depuis longtemps la pensée, et j'ai fait des recherches sur le *hoaï–hoa* sous cette impression, que, au moins dans le Fo-kien, on teint en *vert de Chine* avec l'écorce d'un *Rhamnus* (le *lo–tsé*), qui fournit un vert-bleu, peut-être un bleu pur, et la fleur en bouton du *hoaï*, qui donne un jaune brillant. Le fruit du *hoang-tchi* est probablement employé, de préférence au *hoaï-hoa*, dans certaines localités. Dans le Tché-kiang et le Kiang-sou, on remplacerait, surtout pour la fabrication du *lo kao*, le *hoaï–hoa* ou le *hoang–tchi* par l'écorce d'une seconde espèce de nerprun. Je m'explique ainsi la prédominance de l'élément bleu dans le *lo-kao* que l'on achète à Sou-tchéou-fou, et la qualité inférieure, c'est-à-dire la prédominance de l'élément jaune dans le *lo-kao* que l'on se procure à É-mouï.

Mais cette idée, que j'ose à peine présenter, n'est encore appuyée d'aucun témoignage positif.

ADDITION.

(Voy. p. 46, 48, 49 et 51.)

Le R. P. Hélot a dit que le *hong-pi-lo-chou* est l'espèce sauvage, et le *pé-pi-lo-chou*, l'espèce cultivée. J'ai donné cette indication, d'après ce missionnaire, mais en faisant remarquer que le rév. M. Edkins et M. Fortuné sont d'opinion contraire. Depuis lors, j'ai appris de M. le docteur W. Lockhart, qui est de retour de Chine, où il a résidé pendant vingt ans, que le *Rhamnus chlorophorus* ou *pé-pi-lo-chou*, est l'espèce sauvage, qu'il abonde dans les campagnes du Kiang-sou, et notamment dans le cimetière chinois de Chang-haï, que le *Rhamnus utilis*, ou *hong-pi-lo-chou*, est l'espèce cultivée.

LISTE

DES OUVRAGES, MÉMOIRES ET RAPPORTS

A CONSULTER.

(Ces ouvrages sont divisés en deux séries; la première comprend seulement ceux dans lesquels il est fait mention du *vert de Chine*. Ils sont classés, dans chaque série, par ordre de date. Le mot (Bibl.) indique que l'ouvrage se trouve dans la bibliothèque de la Chambre de commerce de Lyon.)

1. — *Vert de Chine.*

1. Étude pratique du commerce d'exportation de la Chine, par Isidore Hedde, Éd. Renard, A. Haussmann et N. Rondot, délégués commerciaux attachés à la Mission en Chine; revue et complétée par Natalis Rondot. Paris, 1849. 1 vol. gr. in-8. Page 199. (Cet ouvrage est un tirage à part de la livraison des *Documents sur le commerce extérieur* : Chine, faits commerciaux, n° 13, mai et juin 1848.) (Bibl.)

2. Exposé des travaux de la Chambre de commerce du Haut-Rhin (à Mulhouse) pendant l'exercice 1850. Mulhouse, 1851. Broch. in-8. P. 9. (Bibl.)

3. Sur une matière colorante verte qui vient de Chine, par J. Persoz. 18 octobre 1852. — Comptes rendus des séances de l'Académie des sciences, 1852, t. XXXV, p. 558 et 559. In-4.

4. Report on two green dyes used by the Chinese for colouring cottons, by Ch.-A. Sinclair. Amoy, 18th march 1853. — First report of the Departement of science and art. London, 1854. 1 vol. in-8. P. 432.

5. Note sur une matière organique verte, employée en Chine à la teinture des étoffes de coton, par M. E. Mathieu-Plessy; lue dans la séance du 31 août 1853. — Bulletin de la Société industrielle de Mulhouse, 1853, t. XXV, p. 96 à 104. In-8. (Bibl.)

6. Some account of the Chinese green indigo plant with specimens of the dye. Communicated by Robert Fortune, Esq. : Temple of Tein-tung, 30th june 1854; Hong-kong, 19th march 1855. — Jour-

nal of the agricultural and horticultural Society of India. Calcutta, 1855. In-8. Vol. IX, part 1, p. 105 à 108.

7. Chambre de commerce de Lyon. Rapport sur le vert de Chine, par M. A.-F. Michel, membre de la Chambre (6 mars 1856). Imprimé par ordre de la Chambre. Lyon , 1856. Broch. in-8. (Bibl.)

8. On the Chinese mode of making green dye from a species of *Rhamnus*; communicated by R. Fortune, Esq. : with a few remarks on the treatment of the plant as pursued in the Society's garden, by J. Mac Murray, head gardener. July 1856. — Journal of the agricultural and horticultural Society of India. Calcutta , 1857. In-8. Vol. IX, part III, p. 274 à 279.

9. Le vert de Chine. Note du R. P. Hélot, missionnaire de la compagnie de Jésus en Chine, sur les procédés des fabriques d'A-zé, dans le Tché-kiang. Septembre 1856. — Extrait des Études de théologie, de philosophie et d'histoire. Broch. in-8, portant le titre de *Mélanges*. La note du P. Hélot remplit les pages 18 à 34. Paris , 1857. (Bibl.)

10. Note upon a green dye from China. By Daniel Hanbury. From the Pharmaceutical journal for october 1856. In-8. (Bibl.)

11. Over de Chinesche groene verfstof *Lukoe*, door J. A. van Eijk. Amsterdam, 1856. — De Volksvlijt, sept. et oct. 1856, p. 410 à 417. Broch. in-8. (Bibl.)

12. Nog iets over de Chinesche plantaardige verfstoffen *lukoe* en *weifa*, door prof. S. Bleekrode. (Encore quelques mots sur les teintures végétales chinoises *lukoe* et *weifa*). Amsterdam, 1856. De Volksvlijt, septembre et octobre 1856, p. 418 à 422. Broch. in-8. (Bibl.)

13. Rapport présenté à la Chambre de commerce de Lyon, par M. A. F. Michel, sur le vert de Chine et les plantes dont on l'extrait. 8 janvier 1857. (Ce rapport a été inséré dans la brochure n° 14. (Bibl.)

14. Chambre de commerce de Lyon. Concours pour la recherche du vert de Chine dans les végétaux indigènes et exotiques. Imprimé par ordre de la Chambre. Lyon , 1857. Broch. in-8. (Bibl.)

15. On the manufacture of the Chinese green dye, called *lo-kao*. By the R. M. Hélot. (Traduction en anglais du mémoire du P. Hélot.) Pharmaceutical journal for april and may 1857. In-8. (Bibl.)

16. Note sur les deux espèces de nerprun qui fournissent le vert de Chine; par M. J. Decaisne. — Comptes rendus des séances de l'Académie des sciences, séance du 1er juin 1857. T. XLIV , p. 1140 et 1141. In-4. (Bibl.)

17. Lettre du P. Hélot au président du conseil central de la Propagation de la foi. Chang-haï, le 6 avril 1857. *Salut public*, de Lyon, numéro du 11 juillet 1857. (Bibl.)

18. Over de bereiding en het gebruik der groene chinesche verfstof *Lo-kao*, door Ch.-F.-M. de Grijs. (Sur la préparation et l'emploi du vert de Chine *Lo-kao*.) Amoy, 30 mai 1857. Broch. in-8. De Volksvlijt, 1857, nᵒˢ 8 et 9, p. 313 à 319. (Bibl.)

19. Verdere bijzonderheden over het chinesche groen *Lo-kao*, medegedeeld door Prof. S. Bleekrode (Autres particularités sur le vert de Chine *Lo-kao*). Amsterdam, septembre 1857. Broch. in-8. De Volksvlijt, 1857, nᵒˢ 8 et 9, p 320 à 323. (Bibl.)

20. A residence among the Chinese : inland, on the coast, and at sea. Being a narration of scenes and adventures during a third visit to China, from 1853 to 1856. By Robert Fortune. London, 1857. 1 vol. in-8. P. 157 à 170.

2. — *Teinture en vert.*

21. Pen-thsao-kang-mou, par Li-chi-tchin, publié dans la 24ᵉ année de la période Wan-li (1593).

22. Thien-kong-khaï-wou. — Petite encyclopédie des arts et métiers, publiée par Song-ing-sing, dans l'année 1637 (sous les Ming). 3 vol.

23. Leonardi Plukenetii Amaltheum botanicum. Londini, 1705. 1 vol. in-4. P. 29, 182 et 183; pl. 408 et 448.

24. Kouang-kiun-fang-pou. — Encyclopédie de botanique, publiée par ordre de l'empereur, en 1708. C'est l'empereur Khang-hi qui a conçu le plan de cet ouvrage et qui l'a rédigé en grande partie. 24 vol. in-4.

25. Wo-han-san-thsaï-thou-hoeï. — Encyclopédie japonaise et chinoise, imprimée au Japon, en 1713. 80 cahiers in-4.

26. Cheou-chi-thong-khao. — Encyclopédie d'agriculture, publiée en 1737, par ordre de l'empereur Khien-loung. 24 vol. in-4.

27. Descriptiones rariorum plantarum, auctore Stephano Kraschennikow. De Persicaria. — Novi commentarii Academiæ scientiarum Imperialis Petropolitanæ. In-4. T. I, 1750, p. 375 à 377.

28. Voyages d'un philosophe, ou Observations sur les mœurs et les arts de l'Afrique, de l'Asie et de l'Amérique (Par Poivre). Yverdun, 1768. 1 vol. in-12. P. 95.

29. A voyage to China and the East Indies, by Peter Osbeck, Rector fo

Hasloef and Woxtorp, etc. Translated from the German by J. Rein-
hold Forster. London, 1771. 2 vol. in-8.

30. Mémoires concernant l'histoire, les sciences, les arts, etc., des
Chinois; par les missionnaires de Pé-kin. Paris, 1776 à 1814.
17 vol. in-4. T. V, p. 495 à 504; t. XI, p. 73 à 77, 315 à 320, 333.

31. Car. Petri Thunberg Flora Japonica. Lipsiæ, 1784. 1 vol. in-8.
P. 108, 109, 166, 167, 178.

32. Traité des plantes qui servent en teinture et en peinture, par
Buch'oz. Paris, 1785. 1 vol. in-12. P. 123 à 135.

33. Flora Cochinchinensis : sistens plantas in regno Cochinchina nà-
scentes. Quibus accedunt aliæ observatæ in Sinensi imperio, Africa
orientali, Indiæque locis variis. Omnes dispositæ secundum systema
sexuale Linnæanum. Labore ac studio Joannis de Loureiro. Ulyssi-
pone, 1790. 1 vol. in-4.

34. Recueil de procédés et d'expériences sur les teintures solides que
nos végétaux communiquent aux laines et aux lainages; par le
citoyen Dambourney. Paris, an II. 1 vol. in-8. P. 55 à 72. (Bibl.)

35. Voyage à Canton, suivi d'observations sur le voyage à la Chine,
de lord Macartney et du citoyen Van Braam, et d'une Esquisse des
arts des Indiens et des Chinois; par le citoyen Charpentier Cossigny, Paris, an VII. 1 vol. in-8. P. 224, 232 et 588.

36. Moyens d'amélioration et de restauration, proposés au Gouvernement et aux habitants des colonies, par le citoyen J. F. Charpentier-
Cossigny. Paris, 1803. 3 vol. in-8.

37. Manuel du commerce des Indes, par Pierre Blancard, ancien na-
vigateur. Paris, 1806. 1 vol. petit in-fol. P. 345.

38. Du pastel, de l'indigotier, et des autres végétaux dont on peut
extraire une couleur bleue, par C. P. de Lasteyrie. Paris, 1811.
1 vol. in-8.

39. Experimental researches concerning the philosophy of permanent
colours, and the best means of producing them, by dyeing, calico
printing, etc., by Edw. Bancroft. London, 1813. 2 vol in-8. Vol I,
p. 189, 190, 264 à 276, 285, 286. Vol. II, p. 106, 107, 110.

40. De la Chine, par l'abbé Grosier. Paris, 1819. 7 vol in-8. T. III,
p. 81, 274, 282 à 285.

41. Mémoire sur la famille des Rhamnées, ou histoire naturelle et médicale des genres qui composent ce groupe de plantes; par Ad.
Brongniart. Paris, 1826. Br. in-4. (Bibl.)

42. Della Sofora del Giappone, del professore G. Giobert. — Calendario Georgico della Reale Societa' agraria di Torino per l'anno 1826. Torino. In-8. P. 24 à 26.

43. Traité complet des propriétés, de la préparation et de l'emploi des matières tinctoriales et des couleurs, par J. Ch. Leuchs (traduit de l'allemand). Paris, 1829. 2 vol. in-8. T. I, p. 174, 181, 350 à 353, 434 à 438, 447 à 458.

44. Leçons de chimie appliquée à la teinture, par E. Chevreul. Paris, 1829-1830. 2 vol. in-8. 30e leçon.

45. An historical and descriptive account of China; by H. Murray, J. Crawfurd, P. Gordon, Th. Lynn, W. Wallace, and G. Burnett. Edinburgh, 1836. 3 vol. in-12. Vol. III, p. 297 à 386.

46. Rapport fait au Comité de chimie, par M. Gustave Schwartz, sur le vert végétal envoyé à la Société industrielle par M. Cézard, de Nancy, membre correspondant à Batavia. Lu dans la séance du 27 septembre 1837. — Bulletin de la Société industrielle de Mulhouse, 1838. T. XI, p. 25 à 32. In-8.

47. Hortus floridus Cocincinæ. — Dictionarium anamitico-latinum, primitus inceptum ab P. J. Pigneaux, episcopo Adranensi, dein absolutum et editum ab J. L. Taberd, episcopo Isauropolitano. Serampore, 1838. 1 vol. in-8. P. 621 à 658.

48. A Chinese Chrestomathy in the Canton dialect. By E. C. Bridgman. Macao, 1841. 1 vol. in-4. P. 440, 453, 457, 459.

49. Art de l'indigotier, ou traité des indigofères et de la fabrication de l'indigo, par Perrottet. Paris, 1842. 1 vol. in-8.

50. An English and Chinese vocabulary, in the court dialect. By S. Wells Williams. Macao, 1844. 1 vol. in-8. P. 103 à 110.

51. Flora de Filipinas, por el P. Fr. Manuel Blanco, Agustino calzado. 2ª impresion. Manila, 1845. 1 vol. in-4.

52. A notice of the *tein-ching*, or Chinese indigo, by Robert Fortune. — The journal of the horticultural Society of London; 1846, Vol. 1, p. 269. In-8.

53. Substances tinctoriales et procédés de teinture en usage dans le Ténasserim et l'île de Sumatra, par Natalis Rondot. — Séances et travaux de l'Académie de Reims, 1846-1847. T. II, p. 33 à 36, 141 à 144. In-8. (Bibl.)

54. Sur le *wei-hwa*, par le docteur Hénon. — Annales des sciences physiques et naturelles, d'agriculture et d'industrie, publiées par la

Société royale d'agriculture de Lyon; 1847, t. X, p. 531 à 533.
Gr. in-8.

55. Rapport sur le *wei-hwa*, au nom d'une commission composée de
MM. Michel et Guinon, rapporteur. Lu dans la séance du 13 août
1847. — Annales des sciences physiques et naturelles, d'agriculture
et d'industrie, publiées par la Société royale d'agriculture de Lyon,
1847, t. X. Gr. in-8. (Bibl.)

56. Art de la teinture des laines, en toison, et fil et en tissu, par D.
Gonfreville. Paris, 1848. 1 vol. gr. in-8. (Bibl.)

57. Chambre de commerce de Saint-Étienne. Description méthodique
des produits divers recueillis dans un voyage en Chine, par Isidore
Hedde. Saint-Etienne, 1848. 1 vol gr. in-8. P. 165 à 171, 176, 177.
(Bibl.)

58. Histoire naturelle des drogues simples, par Guibourt. 4ᵉ édition.
Paris, 1849-1850. 4 vol. in-8. Rhamnées, t. III, p. 494, 495. (Bibl.)

59. Ueber einen neuen Farbstoff, von W. Stein. (Sur une nouvelle teinture.) — Chemisch-parmaceutisches central blatt; Leipzig, 27 février 1850, nᵒ 9, p. 140. In-8. (Bibl.)

60. Noms indigènes d'un choix de plantes du Japon et de la Chine,
déterminés d'après les échantillons de l'herbier des Pays-Bas, par
MM. J. Hoffmann et H. Schultes. 1852.— Journal asiatique, 4ᵉ série,
t. XX, p. 257 à 370. In-8.

61. Note sur une matière colorante jaune et volatile, tirée du *Rhamnus
frangula;* par L. A. Buchner. Mars 1853. — Journal de pharmacie
et de chimie; 3ᵉ série, 1853, t, XXIV, p. 50 à 53. In-8.

62. Ueber ein neues Farbematerial aus China, von W. Stein. (Sur une
nouvelle matière colorante de Chine). — Chemisch-pharmaceutisches central blatt; Leipzig, 30 mars 1853, nᵒ 13, p. 193 à 198.
(Bibl.)

63. Report on a green dye used by the Chinese for colouring cottons
and silks, by John A. T. Meadows. Ning-po, 13th june 1853. —
First report of the Department of science and art. 1854. 1 vol. in-8.
P. 431 et 432.

64. Correspondence relating to a Chinese green dye (Lettres de
MM. Walter Crum, John Mercer et W. J. Hooker). — First report
of the Department of science and art. 1854. 1 vol. in-8. P. 430 à 436.

65. Mémoire sur la matière colorante verte des plantes, par J. A. Hart-

mann; lu dans la séance du 22 février 1854. — Bulletin de la Société industrielle de Mulhouse, 1854, t. XXVI, p. 283 à 288. Gr. in-8.

66. On *wai-fa*, the unexpanded flower-buds of *Sophora Japonica*, L.; by docteur Th. W.-C. Martius. — Pharmaceutical journal for august 1854. In-8. (Bibl.)

67. Ueber die chinesischen Gelbschoten, von M V. Orth. — Neues repertorium für Pharmacie, Munich, 1855, IV, 1, p. 12 à 17. In-8. (Bibl.)

68. Ueber die chinesischen Gelbschoten, von Prof. Fr. Rochleder, in Prag. — Neues repertorium für Pharmacie, Munich, 1855, IV, 8 et 9, p. 365. In-8. (Bibl.)

69. Exposition universelle de 1855. Rapports du Jury mixte international. Paris, 1856. 2 vol. in-4. T. I, p. 576. (Bibl.)

70. On Indian and Colonial products, useful as food and manufactures. By J. Forbes Royle. — Reports on the Paris universal Exhibition. London, 1856. In-8. Part III, p. 208. (Bibl.)

APPENDICE.

I.

SUR UNE MATIÈRE COLORANTE VERTE
QUI VIENT DE CHINE;

Par M. J. Persoz[1].

(Extrait des Comptes rendus des séances de l'Académie des sciences, 18 octobre 1852, t. XXXV, p. 558 et 559.)

« J'ai l'honneur de déposer sur le bureau de l'Académie un échantillon d'une matière colorante employée en Chine pour teindre en vert les fibres textiles. L'Académie voudra bien me permettre de lui retracer, en peu de mots, comment je suis parvenu à constater l'existence de cette couleur.

« M. Daniel Kœchlin-Schouch, en me remettant l'automne dernier un échantillon de calicot teint en Chine, de nuance vert d'eau d'une grande stabilité, m'invita à rechercher la

---

1. Cette note est la reproduction presque textuelle de celle que M. Persoz a rédigée le 2 avril 1852, et qui fut adressée, le 5 avril, à M. le Ministre des affaires étrangères, par M. Legentil, président de la Chambre de commerce de Paris. M. Persoz avait joint à sa première note une liste de questions et la conclusion suivante : « L'imprimeur sur étoffes en pourrait faire de bien brillantes applications, soit pour l'enluminage solide des perses garancées, soit pour la confection de couleurs de fantaisie dont il est privé actuellement par suite des conditions particulières que réclame l'indigo pour se combiner avec les fibres textiles. »

composition de cette couleur verte. Tous les essais que je fis sur cet échantillon en vue de mettre en évidence un bleu ou un jaune quelconque, demeurèrent sans résultat, et je fus bientôt convaincu, par l'isolement du principe colorant, que ce vert était dû à une matière tinctoriale d'une nature particulière et *sui generis*. De plus, il devenait évident :

« 1° Que cette matière colorante était d'origine organique et végétale;

« 2° Que le tissu sur lequel elle était fixée se trouvait chargé d'une forte proportion d'alumine et d'un peu d'oxyde de fer et de chaux, corps dont la présence implique nécessairement, comme conséquence, que pour adhérer au tissu, la matière colorante employée avait exigé le concours des mordants.

« Ces résultats si positifs et cependant si contraires, non-seulement à tout ce que nous connaissons en Europe touchant la composition des verts, mais encore à tout ce qui a été écrit sur les procédés de teinture mis en usage chez les Chinois pour faire cette couleur, nécessitaient de ma part un examen plus approfondi ; aussi, vers la fin du mois de novembre dernier, j'eus recours à la complaisance de M. Forbes, consul américain à Canton, pour lui demander un spécimen de la précieuse matière. Il eut la bonté de m'en envoyer environ un gramme.

« Cette substance se présente en plaques minces, de couleur bleue, ayant beaucoup d'analogie avec celle de l'indigo Java, mais d'une pâte plus fine et qui diffère d'ailleurs de l'indigo par sa composition et toutes ses propriétés chimiques. Après avoir fait infuser un très-petit fragment de cette substance dans l'eau, ce véhicule ne tarda pas à se colorer en bleu foncé avec reflet verdâtre. La liqueur portée progressivement à l'ébullition, il s'effectua, en y plongeant un échantillon de calicot sur lequel étaient imprimés des mordants de fer et d'alumine, une véritable teinture, et l'on vit passer :

« Les parties du tissu recouvertes d'alumine, au vert d'eau plus ou moins foncé, suivant l'intensité du mordant ;

« Les parties recouvertes d'alumine et d'oxyde ferrique, au vert d'eau foncé tirant à l'olive ;

« Les parties enfin chargées d'oxyde ferrique pur, à l'olive foncé.

« Quant aux parties du tissu non recouvertes de mordant, elles restèrent sensiblement blanches.

« Les couleurs ainsi obtenues furent mises en présence de tous les agents auxquels nous avions précédemment soumis le vert chinois, et les résultats prouvèrent qu'elles se comportaient de la même manière. De ces expériences, on peut conclure :

« 1° Que les Chinois possèdent une matière colorante (laque) ayant l'aspect physique de l'indigo, qui colore en vert les mordants d'alumine et de fer ;

« 2° Que cette matière colorante ne contient ni indigo, ni aucun dérivé de ce principe tinctorial.

« L'honorable président de la Chambre de commerce de Paris, M. Legentil, ayant compris tout l'intérêt qu'il y avait pour la science et l'industrie à ce que notre pays fût promptement mis en possession de cette précieuse matière, prit, il y a quelques mois, toutes les mesures nécessaires pour s'en procurer le plus tôt possible une certaine quantité, et pour avoir en même temps tous les renseignements touchant son origine et sa préparation.

« J'attends, pour soumettre à l'Académie un travail complet sur cette nouvelle couleur, que j'aie été en mesure d'en faire une étude plus approfondie. »

II.

LETTRE DE M. MARC ARNAUDTIZON,

DÉLÉGUÉ DE LA CHAMBRE DE COMMERCE DE ROUEN,

AU CONSUL DE FRANCE A CHANG-HAI.

(Extrait.)

Chang-haï, le 16 janvier 1853.

« Monsieur le Consul,

. . . .

« Il paraît que la matière colorante qui donne la nuance vert d'eau, provient d'un arbre que les Chinois appellent *lo-sa*, qui croît uniquement près de Sou-chou et de Ka-chin, dans des terrains marécageux; qu'elle provient de cet arbre, dont il y a deux espèces : l'une produit ce qu'on appelle en chinois *peau jaune*, l'autre, *peau blanche*.

« Il paraîtrait qu'après avoir détaché du tronc de ces arbres ou arbustes la partie corticale, on la coupe, on la pile dans des mortiers, puis on la met infuser après cette opération pendant quinze à vingt heures dans de l'eau qu'on prend chaude, mais non bouillante, et après ce laps de temps, on décante l'infusion, et on plonge dans le liquide qui en résulte les étoffes qu'on veut teindre; après qu'on les a laissé tremper pendant un temps qu'on n'a pu me déterminer, on les laisse égoutter, et on les étend la nuit sur la terre.

« On m'a assuré que les Chinois choisissent toujours, pour exécuter ce genre de teinture, la saison la plus froide de l'année, que la gelée même est un agent indispensable à la réussite de la couleur, et qu'alors, dès que les pièces sont étendues, elles deviennent roides par la congélation du liquide qu'elles contiennent; on les étend la nuit pour éviter les rayons solaires, et afin de profiter de la température la plus basse; on les recueille le matin lorsqu'elles sont ramollies; il paraît aussi que c'est le côté qui touche le sol qui est le plus foncé et le plus vif en nuance, qu'il devient en un mot l'endroit de l'étoffe. Pour obtenir un vert aussi foncé que celui de l'échantillon, on donne plusieurs passages pour chacun desquels on observe les mêmes précautions.

« La décantation de l'infusion, qui a été employée pour la teinture des pièces, a formé un résidu ou dépôt, destiné à faire une décoction prolongée pendant plusieurs heures, et qui, évaporée alors jusqu'à siccité, produit cette espèce de laque, que les Chinois appellent *lo-kao*, d'un bleu à peu près analogue, mais moins vif que celui des cubes d'indigo, dur, cassant, ne se laissant point rayer par l'ongle comme l'indigo, colorant la salive en bleu verdâtre particulier, ainsi que le papier et les tissus sur lesquels on le frotte.

« Le prix de cette matière colorante est de 25 centimes le gramme, c'est-à-dire environ 120 fr. la livre; elle sert à teindre les tissus en vert pâle....

« On emploie pour teindre 40 yards de calicot blanc en nuance vert d'eau, 2 mace ou 8 grammes de la matière colorante, de laquelle on prépare une dissolution de la manière suivante : on fait digérer pendant douze heures dans 2 litres d'eau 1 tael ou 37 grammes de *lo-kao*, pour le faire fondre ou au moins le ramollir. Lorsqu'il est dans cet état, on met le tout sur le feu, on chauffe sans faire bouillir, et l'on ajoute 600 grammes de potasse de Chine; l'addition de cette potasse fait virer la couleur primitive bleue du liquide à une nuance bleu-verdâtre, ayant beaucoup de rapport au sirop de violette verdi par un alcali, et lui communique une odeur analogue à celle des cuves en bleu des teinturiers en laine. Quand la laque est entièrement dissoute, on retire le bain du feu, alors il est prêt à être employé de la manière suivante:

« Après avoir trempé les pièces dans l'eau pure, on les tord à la cheville et on les plonge dans une bassine en terre qui

contient de 6 à 8 litres d'eau à environ 60 degrés, et dans
laquelle où a mis à peu près 2 verres à vin de la dissolution
à la potasse ci-dessus ; on agite les pièces dans ce bain pendant un temps très-irrégulier qui varie de 3 à 15 minutes,
mais qui le plus souvent est de 2 ou 3 minutes. En les reti-
rant, on les tord à la cheville, on les évente ensuite en les
recueillant à la main ; l'opération doit alors être terminée. Si
la nuance n'est point d'un ton assez nourri, on donne de nouvelles trempes jusqu'à la nuance convenable ; alors, les pièces
sont séchées à l'air libre en les étendant sur des perches disposées à cet effet.

« Le bain qui a servi à teindre la première pièce sert à en
teindre d'autres, seulement on le repique ou nourrit à chaque
nouvelle pièce avec une quantité d'eau à 60° égale à celle qui
a été absorbée par la teinture de la pièce précédente et la
même quantité de dissolution concentrée que pour la première, c'est-à-dire environ un dixième de litre.

« Nous devons conclure, d'après ce qui précède, que ces
différentes nuances de vert depuis la plus foncée jusqu'à la
plus claire, sont obtenues par les Chinois sans l'assistance
d'aucun mordant. Effectivement, malgré toutes les questions
que je leur ai adressées à cet égard, malgré l'examen attentif
des pièces que j'ai vu teindre moi-même, il m'a été impossible de découvrir la présence d'aucun de ces agents.

. . . .

« Le vert foncé s'obtient avec le liquide provenant de l'infusion de l'écorce de l'arbre, et le vert tendre avec le dépôt
de l'infusion qu'on transforme en espèce de laque.

. . . .

« ARNAUDTIZON. »

III.

DISSOLUTION DU LO-KAO,

ET TEINTURE DE LA SOIE AVEC CETTE MATIÈRE ;

par M. A. F. Michel,

MEMBRE DE LA CHAMBRE DE COMMERCE DE LYON.

(Extrait du Rapport sur le *vert de Chine*, lu par M. Michel à la Chambre de commerce de Lyon, dans la séance du 6 mars 1856[1].)

« Je prépare une dissolution d'alun (sulfate d'alumine et de potasse) à 5° du pèse-acide. Dans un vase à précipité, de demi-litre de capacité, je mets 5 grammes de *vert de Chine* ; j'y ajoute 30 grammes de dissolution d'alun, et je laisse le tout en repos pendant au moins trois jours. Ensuite, avec un *agitateur*, je broie la matière et la délaye en y ajoutant 250 grammes de dissolution d'alun ; j'agite le mélange trois ou quatre fois dans la journée. Le lendemain, je décante avec précaution le liquide qui est vert foncé presque noir. Je répète cette opération trois jours de suite, en évitant toujours de laisser passer le dépôt à la décantation. J'obtiens ainsi un litre de dissolution verte alumineuse, qui se conserve assez longtemps sans altération. Pour bien épuiser la matière verte, je fais une cinquième opération avec 280 grammes de dissolution d'alun, et je conserve ce bain faible pour commencer une nouvelle dissolution verte. Le résidu insoluble est d'environ 30 p. 100.

« La dissolution verte alumineuse, si elle n'est pas suffisamment étendue d'eau, ne donne, comme toutes les autres dissolutions que j'ai essayées, que des nuances si faibles que

1. Le rapport de M. Michel, imprimé par ordre de la Chambre, est épuisé. On en fait si souvent la demande, que j'ai dû reproduire ici la description des procédés de dissolution et de teinture, qui sont dus à M. Michel et qui sont pratiqués avec succès.

j'ai été sur le point d'y renoncer. J'avais mis, dans des verres, de cette dissolution, et je l'avais étendue d'eau dans des proportions très-variées. Je remarquai que les dissolutions dans lesquelles l'eau était en plus grande proportion, laissaient déposer une partie de la matière colorante. J'augmentai de plus en plus la proportion d'eau, et j'arrivai à des proportions telles, que la matière colorante, quoique parfaitement dissoute d'abord, claire et limpide, se trouvait complétement précipitée le lendemain. J'attribuai ce phénomène à l'action de la chaux qui, contenue dans nos eaux, entrait en combinaison avec la matière colorante et la rendait insoluble, ou qui neutralisait une quantité suffisante d'acide sulfurique de l'alun, pour permettre à l'alumine de se précipiter avec la matière colorante sous forme de laque. Pour vérifier ce fait, je mis dans de l'eau distillée et dans de l'eau calcaire, dont j'avais neutralisé la chaux par un demi-millième d'acide acétique, de très-faibles proportions de dissolution verte alumineuse. Ces dissolutions restaient indéfiniment claires, limpides et sans aucun précipité.

« Le phénomène que je viens de décrire me donna l'espoir que la matière colorante parfaitement dissoute, mais placée dans des conditions où elle a une grande tendance à abandonner son dissolvant, pourrait plus facilement se combiner avec la soie ; cet espoir s'est enfin réalisé. Ces détails sont bien minutieux, cependant je les crois utiles pour faire mieux comprendre la théorie de cette opération, et propres à servir de guide dans la pratique.

« Il ne s'agissait plus que de trouver les proportions les plus convenables pour la bonne réussite des teintures, et pour la plus grande économie d'une matière si chère. Il était facile de prévoir qu'une proportion d'eau trop faible laisserait une trop grande quantité de matière colorante dans le bain de teinture, faute d'une quantité suffisante de l'élément calcaire pour faciliter la combinaison avec la soie ; et, qu'au con-

TEINTURE EN VERT DE CHINE
PAR LE PROCÉDÉ DE M. MICHEL.

NUANCE MOYENNE.

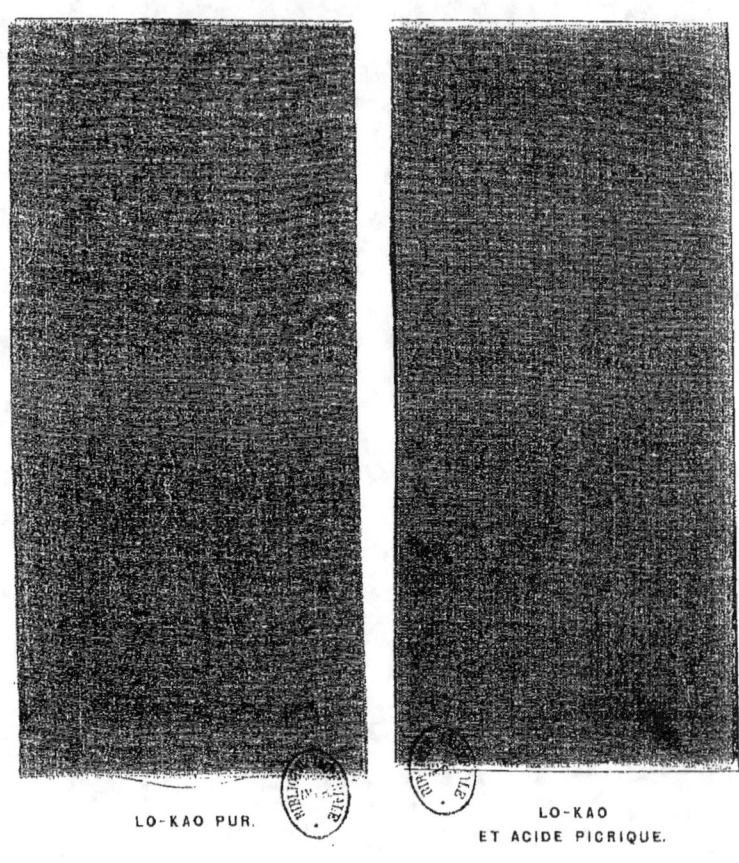

LO-KAO PUR.   LO-KAO
                        ET ACIDE PICRIQUE.

TEINTURE EN VERT DE CHINE

PAR LE PROCÉDÉ DE M. MICHEL.

NUANCE FONCÉE.

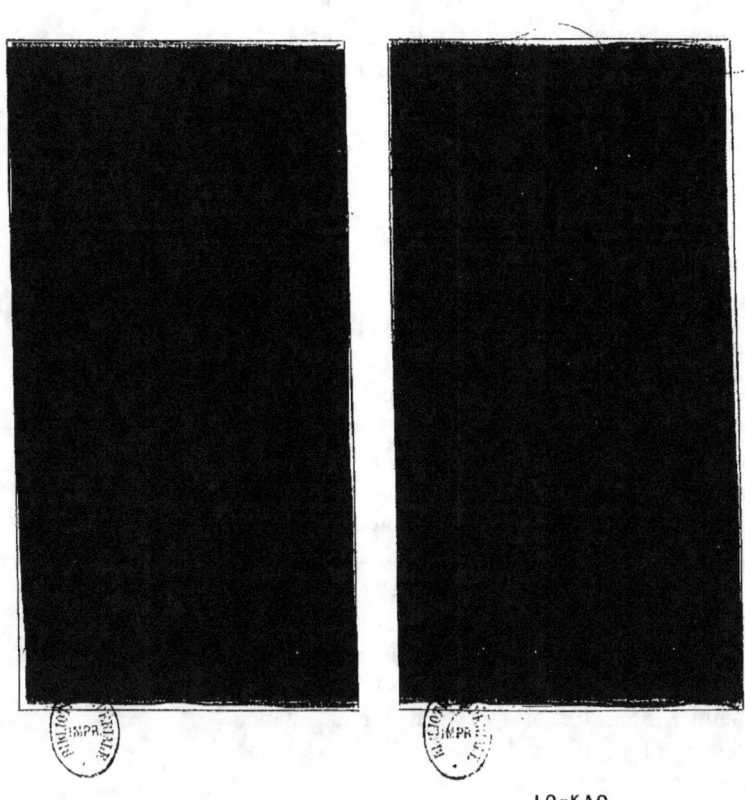

LO-KAO PUR.

LO-KAO
ET ACIDE PICRIQUE.

traire, une trop grande proportion d'eau, précipitant la formation de la laque, une partie plus grande de cette laque
échapperait à la combinaison avec la soie et ne ferait que la
salir ; c'est en effet ce qui a lieu, lorsque les proportions d'eau
et de dissolution verte ne sont pas convenables.

« Après bien des tâtonnements, j'ai trouvé qu'avec notre
eau de puits, la proportion qui réussit le mieux est de 15 litres d'eau pour un litre de dissolution verte. Cette proportion
variera sans doute avec la nature des eaux plus ou moins cal-
caires. D'un autre côté, cette proportion est convenable pour
1 kilog. de soie ; elle donne la nuance la plus claire en un seul
bain et en moins de demi-heure.

« Pour chaque nuance de mes échantillons [1], au-dessus de
la première jusques et y compris la quatrième, il suffit d'un
bain de plus. J'ai fait les quatre nuances claires ensemble, en
sortant à chaque bain la nuance finie et faisant le bain suivant
dans la proportion du poids de la soie à y passer. Pour les
nuances foncées, un de ces bains ne suffit plus ; pour faire une
différence assez sensible, il en faudrait deux. Mais afin d'é-
viter la trop grande multiplicité de bains, je donne des bains
doubles, soit 30 litres d'eau et 2 litres de dissolution verte à
chaque nuance, pour 1 kilog. de soie. J'ai fait mes cinq nuances foncées ensemble ; j'ai donné d'abord trois bains doubles
aux cinq échantillons pour dépasser ma quatrième nuance
claire ; ensuite, avant chaque bain double suivant, j'ai sorti
un échantillon, de manière que ma cinquième nuance a eu
trois bains doubles, soit dans la proportion de 6 litres de dissolution verte pour 1 kilog. de soie ; et ma neuvième nuance,
sept bains doubles, soit 14 litres de dissolution verte, aussi
pour 1 kilog. de soie.

« Les soies, après la cuite et le lavage du savon, contiennent une certaine quantité de chaux qui leur sert de mor-

1. M. Michel a présenté à la Chambre la série des échantillons de ses teintures, dans la séance du 24 janvier 1856.

dant pour cette teinture ; aussi le premier bain de dissolution verte est rapidement épuisé, un quart d'heure suffit pour l'absorption presque complète de la matière colorante. Pour continuer cette action du mordant de chaux dans les bains suivants, je donne un bain d'eau calcaire entre chaque bain de matière colorante ; ces bains d'eau sont à peu près de même grandeur que les bains de teinture ; il suffit d'y laisser les soies un quart d'heure, mais il n'y a pas d'inconvénient à les y laisser un temps beaucoup plus long, même jusqu'au lendemain, en les y tenant immergées. Le renouvellement du mordant de chaux n'empêche pas qu'à mesure que la soie se charge de couleur, son affinité pour la matière colorante s'affaiblisse. Ainsi, le premier bain simple est épuisé en un quart d'heure, et il faut demi-heure pour le quatrième ; pour le premier bain double il faut demi-heure, et plus d'une heure pour le dernier. On reconnaît que la matière colorante est assez épuisée, lorsque le bain devient blanchâtre et perd sa transparence ; alors, il faut sortir les soies.

« Comme cette couleur n'a jamais d'inégalité de nuance, il est inutile de tordre les soies et de les remettre en bâtons après chaque bain de teinture ou d'eau ; il suffit de les lever sur une grille ou sur des bâtons pour les passer d'un bain à l'autre. Les opérations faites ainsi abrègent considérablement le travail.

« J'ai éprouvé beaucoup de difficultés pour le lavage des soies après cette teinture. Pour les nuances claires, de bons rinçages nettoyaient assez bien la soie ; mais les nuances foncées déteignaient par le frottement, conservaient un mauvais toucher, et n'avaient pas tout le brillant désirable. Je ne pouvais éviter ce défaut qu'en faisant des bains plus forcés en matière colorante et qui ne pouvaient s'épuiser ; ce qui était trop coûteux et permettait difficilement d'arriver aux nuances foncées. Aujourd'hui, je donne à mes échantillons, après un léger rinçage, un bain de terre à foulon, comme on

le donne ordinairement aux teintures noires pour moire-
antique ; ensuite mes soies se nettoient facilement ; elles
sont soyeuses, brillantes, et ne déteignent plus par le frottement.

« A. F. Michel. »

IV.

NOTE SUR LES DEUX ESPÈCES DE NERPRUN

QUI FOURNISSENT LE VERT DE CHINE ;

Par M. J. Decaisne,

MEMBRE DE L'ACADÉMIE DES SCIENCES.

(Extrait des Comptes rendus des séances de l'Académie des sciences, t. XLIV,
séance du 1er juin 1857.)

« Je me serais dispensé d'entretenir l'Académie des deux
arbrisseaux qui font l'objet de cette Note, si je n'avais su que
les productions végétales encore nouvelles, mais qui s'annoncent comme devant fournir à l'industrie et aux arts des matériaux utiles, ont le privilége de l'intéresser. C'est à ce titre
que ces deux plantes se recommandent en outre à l'agriculture. Je prie donc l'Académie de me permettre de lui communiquer quelques détails à leur sujet, et surtout de les décrire botaniquement, afin de faire cesser dorénavant toute
incertitude sur leurs caractères spécifiques et sur les dénomi-
nations qui serviront à les désigner.

« Ces deux plantes sont les Nerpruns dont les Chinois tirent
leur indigo *lo-kao*, substance que le commerce européen connaît sous le nom de *Vert de Chine* et sur laquelle un de nos
plus célèbres manufacturiers, M. D. Kœchlin, a le premier
appelé l'attention des industriels.

« Grâce aux nombreux documents qui m'ont été communi-
qués par diverses personnes, et en particulier par M. Natalis
Rondot, que le public industriel reconnaît comme l'un des

hommes les plus compétents en matière de denrées chinoises,
j'ai pu établir, je crois, d'une manière satisfaisante la diver-
sité des deux espèces, et les décrire assez nettement pour
qu'il soit facile aux botanistes de ne plus les confondre, soit
entre elles, soit avec les autres espèces. Toutes deux sont
cultivées en Europe; l'une à Lyon, l'autre à Gand chez l'un
des plus célèbres horticulteurs du continent, M. Van Houtte,
qui a bien voulu m'en envoyer quelques rameaux. Quant aux
échantillons desséchés et récoltés en Chine, qui m'ont principalement servi à faire mes déterminations, ils m'ont été remis,
les uns par M. de Montigny en 1854, les autres par M. N. Rondot, qui les tenait lui-même d'un missionnaire jésuite, le père
Hélot[1]. Plus récemment, j'ai eu sous les yeux les fruits mûrs
de l'une des deux espèces. Les Chinois, d'ailleurs, les distinguent très-bien et les désignent, l'une sous le nom de *Pa-bi-
lo-za*, l'autre sous celui de *Hom-bi-lo-za*, quoiqu'elles appartiennent toutes deux à la section très-homogène des vrais
Rhamnus, telle que l'a établie M. Brongniart. Elles deviendront
pour moi les *R. chlorophorus* et *R. utilis*. Je ferai observer en
passant que la première paraît assez voisine de l'espèce d'Europe
décrite par Waldstein sous le nom de *R. tinctorius* et qu'elle
ne s'en éloigne sensiblement que par la forme de son calice;
la seconde, au contraire, rappelle, par la grandeur de son
feuillage, le *R. hybridus* de nos jardins. Une remarque qui
s'applique à toutes deux, et peut-être à plusieurs autres espèces
du genre, c'est que généralement les extrémités de leurs
rameaux sont épineuses ou molles suivant les localités,
et que, par conséquent, les caractères tirés de la présence ou
de l'absence des épines n'ont qu'une faible valeur pour la détermination des espèces.

1. J'ai remis à M. Decaisne des graines et une branche de *pé-pi-lo-chou*,
envoyées par M. Rémi, des rameaux en fleurs et des baies provenant de graines
plantées à Lyon, le dessin du *hong-pi-lo-chou* adressé par le rév. père Hélot au
Conseil central de la Propagation de la foi, des feuilles, des épines et des baies
de cette dernière espèce, que je tenais de MM. Rémi et Hanbury.   N. R.

« Je pourrais faire mention ici des plantes en assez grand
nombre et de genres tout différents qui ont été successivement
envoyées de Chine comme étant celles dont on extrait le *Vert*,
mais je crois plus utile de supprimer ces détails afin de couper
court à la confusion régnant encore dans beaucoup d'esprits
au sujet de l'origine du *Lo-kao*.

« Je passe aux descriptions botaniques de nos deux
espèces.

RHAMNUS CHLOROPHORUS (*Pa-bi-lo-za* Sinensium.)

« Rh. dioicus ; ramulis cylindraceis, cinereis, apice spinescentibus et pube brevi inspersis ; foliis 3-5 centim. longis, 2-3
latis, alternis oppositisve breviter petiolatis, ovatis, acuminatis, basi cuneatis, denticulatis, subtus puberulis, supra glabris,
nervis in pagina superiore impressis, in inferiore prominulis ;
stipulis lineari-setaceis membranaceis ; floribus masculis binis
v. quaternis ; calycis tubo infundibuliformi, laciniis lanceolato-attenuatis, reflexis, vix puberulis ; petalis obovatis,
membranaceis, stamina longitudine subæquantibus ; ovarii
abortivi stylis binis obtusis ; baccis nigris globosis magnitudine pisi minoris ; nuculis obovoideo-rotundatis cylindraceisve, dimidio inferiore sulcatis, nitidis.

RHAMNUS UTILIS (*Hom-bi-lo-za* Sinensium.)

« Rh. dioicus ; ramulis cylindraceis, spinescentibus vel
inermibus ; foliis 8-10 centim. longis, 3-4 latis, oppositis
alternisve, elliptico-oblongis, apice obtusis aut acuminatis,
basi parum attenuatis, margine denticulatis et ciliolatis,
subtus puberulis, penninerviis, nervis pagina superiore
impressis, inferiore prominulis ; baccis magnitudine pisi
majoris ; nuculis obovoideis, compressis, longitrorsum sulcatis, opacis. »

V.

EXPLICATION DES PLANCHES.

La Chambre de commerce de Lyon a décidé qu'il serait fait un dessin de ces deux espèces de Nerprun, pour être joint à la note de M. Decaisne. Le célèbre professeur au Jardin des Plantes a bien voulu se charger de la direction de ce travail qui n'était pas sans difficultés, et ces dessins ont été faits, sous ses yeux, par M. Riocreux. N. R.

PLANCHE I.

Rhamnus utilis, Decaisne.

1. Rameau de grandeur naturelle, reproduit d'après un dessin de Lao-san, peintre chinois, pour la disposition et le volume des fruits, et d'après des rameaux, des feuilles, des épines et des baies séparés, envoyés à M. N. Rondot, par M. D. Hanbury et M. Rémi.

a. Bouton d'une fleur mâle.

b. Fleur mâle épanouie.

c. Pétale.

d. Ovaire avorté, provenant d'une fleur mâle.

a, b, c, d. D'après des fleurs provenant d'un individu rapporté de Chine par M. R. Fortune, et cultivé au Jardin Royal de Kew ; ces fleurs ont été détachées de l'exemplaire de l'herbier de sir William Hooker.

e. Nucule grossie, sur laquelle on remarque un léger sillon qui en occupe la demi-circonférence.

f. La même, coupée transversalement.

PLANCHE II.

Rhamnus chlorophorus, Decaisne.

1. *Rhamnus chlorophorus*, d'après des échantillons remis en 1854 à M. Decaisne par M. de Montigny.

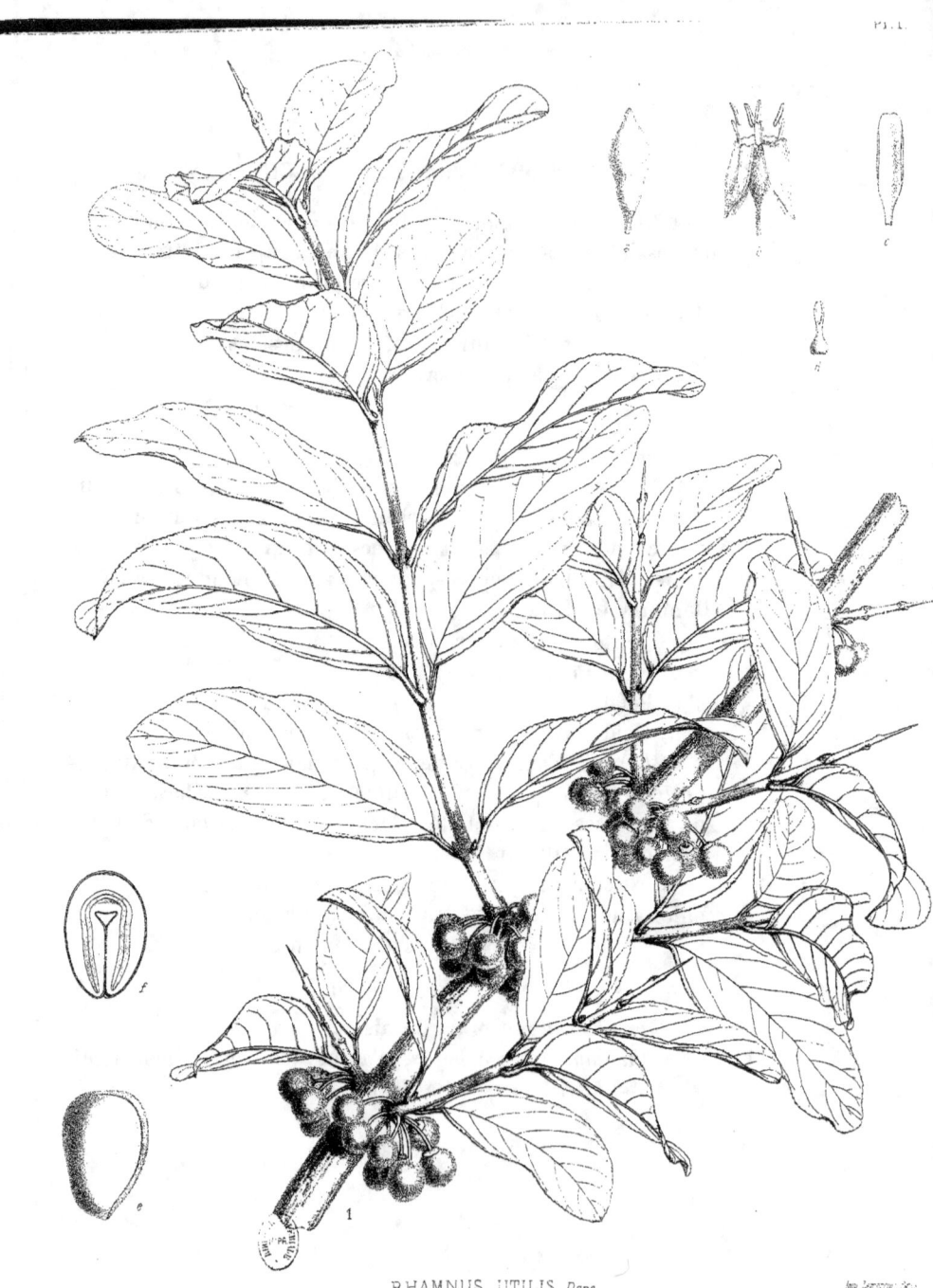

RHAMNUS UTILIS Dcne.

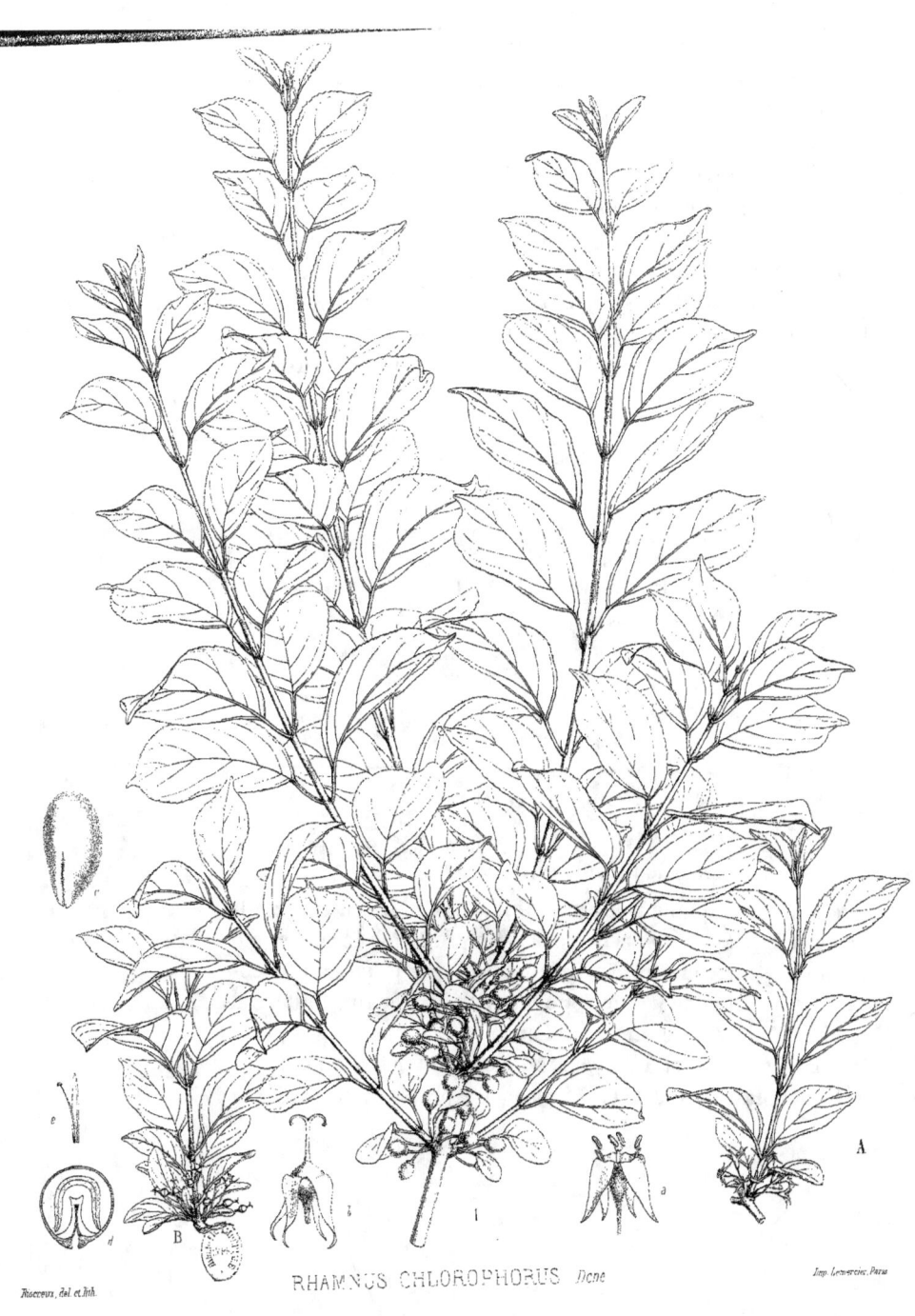

RHAMNUS CHLOROPHORUS *Dcne*

A. Ramule d'un individu mâle, provenant des graines reçues en janvier 1854 par M. N. Rondot, cultivé à Lyon, et envoyé par M. A. F. Michel.

a. Fleur mâle grossie, prise sur le même rameau.

B. Ramule d'un individu femelle, provenant des graines reçues par M. Rondot, cultivé à Lyon et envoyé par M. Seringe.

b. Fleur femelle grossie, rencontrée sur les rameaux remis par M. de Montigny; ces fleurs sont identiques avec celles qu'on observe sur la plante cultivée à Lyon.

c. Nucule grossie; le sillon n'en occupe que la partie inférieure.

d. La même, coupée en travers.

e. Pétale et Étamine avortés, provenant d'une fleur femelle.

VI.

LETTRES DU R. P. HÉLOT,

MISSIONNAIRE EN CHINE,

AU PRÉSIDENT DU CONSEIL CENTRAL DE L'ŒUVRE DE LA PROPAGATION
DE LA FOI, A LYON,

SUR LE LO-ZA, LA TEINTURE AVEC LE LO-ZA,
ET LA PRÉPARATION DU LO-KAO.

Première lettre.

Shang-haï, le 6 avril 1857.

« Monsieur le président,

« J'ai eu l'honneur de recevoir, par la dernière malle, votre lettre, ainsi que celle de M. Michel. Je me ferai toujours un devoir de vous transmettre tout ce que je pourrai découvrir, non-seulement sur cette matière, mais sur toute autre analogue. Les nécessités de la mission ne m'ont pas permis de partir, aussitôt la réception de votre lettre, pour aller visiter la fabrique d'Azé. Du reste, les pluies continuelles qui règnent depuis un mois auraient certainement tenu ces fabriques en chômage. J'écris à Mgr de La Place, qui se trouve en ce moment dans les environs d'Azé, pour savoir si les fabriques travaillent encore, et, dans ce cas, je partirai le lundi de Pâques.

« Toutefois, j'ai été assez heureux, ces derniers jours, pour rencontrer un teinturier parmi les nombreux visiteurs de toutes provinces qui viennent voir l'église et entendre la doctrine chrétienne. Nous en comptons plus de cent par jour, depuis que le R. P. Borgniet, notre vicaire apostolique, a établi la confrérie du Cœur-Immaculé-de-Marie dans l'église de Shang-haï. Or donc, l'autre jour, parmi les réponses aux nombreuses questions d'étiquette rigoureuse que j'adressais : « Quel est votre haut nom, votre noble patrie, votre profession distinguée ? » j'entendis : *teinturier !* — Est-ce que vous savez teindre au *lo-za ?* — Oui. — Quels sont donc vos procédés ? Et cet homme me les expose très-clairement et répond à point à mes questions. Cet homme est de Küit-cheou-fou[1], dans le Tché-kiang, lieu où les montagnes sont couvertes de *lo-za*. Les plants de *lo-za* envoyés par M. de Montigny sont de ces montagnes ; c'est le *lo-za pa-bi* (peau blanche). Or, voici les procédés que, d'après lui, on suit dans le pays :

« 1° Avec un couteau on enlève l'écorce du *lo-za ;* ces rameaux de *lo-za* ne doivent pas être entièrement secs, sinon il n'y aurait pas de couleur ; ainsi, m'a-t-il positivement encore assuré ;

« 2° On fait bouillir dans une marmite cette écorce. Aussitôt le premier bouillon, on brasse avec un bâton et l'on enlève l'écorce de la marmite ;

« 3° On ajoute au bain une once de potasse (chinoise) pour cent livres de liquide, et l'on procède immédiatement à la teinture par immersion des toiles. Deux immersions, chacune

1. Il faut lire Khiu-tchéou-fou. N. R.

suivie de la dessiccation, suffisent pour avoir une bonne couleur, trois au *maximum*. Les toiles doivent recevoir l'impression de la lumière solaire, comme il a été dit dans les notes envoyées au sujet des fabriques d'Azé.

« Interrogé sur la préparation du *lo-kao*, ce brave homme connaissait le nom, mais il m'a assuré qu'on n'en fabriquait pas dans le pays de Küi-tcheou-fou.

« Il y aurait là, ce me semble, une explication de la cherté du *lo-kao* et du bas prix des toiles qui sont dites teintes avec cette couleur : c'est que partout on ne procède pas comme à Azé, où le but est la fabrication du *lo-kao*, mais qu'une foule de fabriques se servent directement de l'écorce pour teindre.

« Du reste, ceci concorde avec des renseignements assez obscurs que j'avais pu tirer des gens du Nord, où le *lo-za* sert de teinture très-commune et est employé par le paysan lui-même dans sa chaumière. Or, les procédés d'Azé seraient impraticables, sinon en fabrique.

« Ce teinturier m'a encore assuré qu'on teignait la soie, à Küi-tcheou-fou, par les procédés qu'il indiquait, mais moins bien que le coton.

« Ce n'était pas sans raison que je n'avais pas voulu intituler les premières notes que je vous envoyai du nom que vous voulez bien leur donner : *Mémoire sur le lo-kao*. Ce ne sont que des notes qui pouvaient diriger les recherches de nos praticiens, mais que j'étais bien loin de penser avoir épuisé la question du *lo-za*. J'espère, par la prochaine malle, pouvoir confirmer ce que j'ai écrit précédemment sur les fabriques d'Azé, ce qui, du reste, n'infirmerait pas ce que j'écris aujourd'hui, parce qu'il s'agit de deux localités et de deux fabriques dont les fins et la matière première sont différentes. A Küi-tcheou-fou, on a pour but de teindre les toiles avec le *lo-za* (peau blanche). A Azé, le but est la fabrication du *lo-kao* avec le *lo-za* (peau rouge), puis le *lo-za* (peau blanche). La teinture des toiles est accidentelle.

10

« Les procédés du Küi-tcheou-fou diminuent énormément la main-d'œuvre et seraient peut-être plus applicables à nos fabriques.

« Ce brave teinturier m'a encore confirmé plusieurs points. Le bois de *lo-za* ne doit être coupé qu'après la chute des feuilles. Plus tôt, l'écorce ne donne pas de couleur. Le bois ne doit pas être sec, l'écorce sèche ne donne rien de bon. Les baies du *lo-za* ne sont bonnes à rien. Agréez, etc.

« Louis Hélot, S. J. miss.

« *P. S.* Ce que j'appelle potasse (chinoise) est le carbonate de soude, mais bien plus pur que notre carbonate de soude du commerce, qui renferme beaucoup de sulfate de soude. Il faudrait, je crois, faire attention à cette circonstance. »

Seconde lettre.

Shang-haï, le 27 avril 1857.

« Monsieur le Président,

« Ainsi que j'avais l'honneur de vous l'annoncer dans ma dernière lettre, je me suis rendu à Azé, après les fêtes de Pâques, pour y voir de mes yeux le travail du *lo-kao*. Je me suis fait de nouveau expliquer, en face des appareils, le détail de toutes les opérations, et j'ai eu le plaisir de constater de mes propres yeux la vérité de ce que j'avais écrit l'année dernière sur témoignage.

« Je ne vois rien à ajouter ou à corriger, sinon à l'article *Fabrication du lo-kao*. Il faut ajouter que l'opération du lavage des toiles teintes au *lo-za*, pour obtenir l'eau-mère du *lo-kao*, se répète trois fois : une première fois, après que la toile a été teinte sept fois; puis une seconde fois, après que la toile a été teinte au *lo-za* encore quatre fois; en somme, onze fois; puis enfin, lorsqu'elle a été teinte au *lo-za* encore trois ou quatre fois; en somme, quatorze ou quinze fois.

« J'ai cru aussi un instant avoir découvert qu'on teignait avec la graine ; des affirmations très-assurées des ouvriers me le faisaient croire ; mais, en pressant le détail des procédés, je m'aperçus sans peine que le mot *tsé*, qui veut dire *graine*, veut dire aussi, dans le dialecte du pays, *petite branche*. En effet, on fait bouillir les petites branches telles qu'elles sont, sans se donner la peine d'enlever l'écorce. J'ajouterai à cette occasion que l'écorce qui a deux ans de pousse est préférable à l'écorce d'une branche de l'année.

« J'ai aussi pu recueillir une confirmation indirecte de ce que je vous écrivais par la dernière malle au sujet des préparations du *lo-za* à Küi-tcheou-fou[1] ; on m'a assuré : 1° que les ouvriers de Küi-tcheou qui venaient à Azé, ne pouvaient pas teindre d'après les procédés du lieu, et, *vice versa*, les ouvriers d'Azé étaient à Küi-tcheou aussi ignorants dans la teinture au *lo-za* que les laboureurs ; 2° que le *lo-kao* ne se fabriquait pas à Küi-tcheou, mais seulement les toiles vert d'eau....

« Louis Hélot, S. J. miss. »

« J'ai pu, l'année dernière, me procurer quelques plants de *lo-za* peau blanche. Ils commencent à pousser ; leur feuille est absolument semblable à celle du *lo-za* peau rouge. La graine de cette espèce est difficile à se procurer ; la raison est, je le crois, que cet arbuste n'est pas cultivé et que les pousses de l'année sont coupées tous les ans. Or, les fleurs ne viennent que sur les pousses de l'année précédente. Il ne faut pas perdre de vue que les espèces envoyées par M. de Montigny sont des *lo-za* peau blanche. C'est pourquoi je pense qu'il n'est pas nécessaire d'en faire un nouvel envoi dans des serres de voyage. »

1. Khiu-tchéou-fou.

ÉTUDE

DES

PROPRIÉTÉS CHIMIQUES ET TINCTORIALES

DU VERT DE CHINE

PAR

M. J. PERSOZ

ÉTUDE

DES

PROPRIÉTÉS CHIMIQUES ET TINCTORIALES

DU VERT DE CHINE.

(Extrait d'un Mémoire inédit, ayant pour titre : *Recherches chimiques sur la* Cyanine
et ses dérivés, *matière colorante bleue*, *base du* Vert de Chine.)

I.

LE VERT DE CHINE.

Au mois de septembre 1851, M. Daniel Kœchlin nous remit, avec la pressante invitation de nous occuper des couleurs
dont ils étaient chargés, deux échantillons de calicot, provenant d'une expédition de M. de Montigny et teints en Chine ;
l'un en nuance ponceau, imitant assez bien le rouge turc ;
l'autre, en vert d'eau, offrant cette particularité, qu'il y avait
un envers d'un vert jaunâtre et un endroit d'un vert bleuté
plus foncé.

Les essais que nous fîmes sur le premier de ces échantillons
prouvèrent que la couleur ponceau avait pour base la carthamine associée à l'une des nombreuses matières colorantes
jaunes dont disposent les Chinois. En effet, à l'aide du carbo-

nate potassique, il nous fut facile d'enlever la carthamine de cet échantillon et de la fixer, au moyen de l'acide citrique, sur du calicot et sur de la soie, avec la nuance rose qui lui est propre.

L'examen de l'échantillon vert nous mit en présence de difficultés auxquelles nous étions loin de nous attendre, car nous nous trouvions avoir entre les mains une couleur qui, par la mobilité des teintes qu'elle affecte en présence d'une foule d'agents, semblait appartenir à cette classe de couleurs que les chimistes emploient comme *réactifs* et qui, au contraire, par la persistance avec laquelle elle adhère au tissu, malgré le concours d'agents des plus énergiques, vient se placer au premier rang, pour la fixité, parmi les matières colorantes connues.

Dans une note présentée à l'Académie des sciences le 18 octobre 1852, nous avons conclu que ce vert n'avait pour base ni l'indigo ni aucun de ses dérivés connus. Toutes les recherches que nous avons faites depuis, tendent à confirmer cette opinion fondée sur des expériences dont voici le résumé.

On sait que, lorsqu'on immerge un tissu chargé d'indigo dans une dissolution de potasse caustique et qu'on y introduit du phosphore, de l'arsenic, de l'étain, de l'antimoine, de l'orpiment, du réalgar, du sulfure antimonique, du glucose, etc., ou bien qu'on y fait naître les oxydes ferreux et stanneux, en chauffant avec précaution, l'indigo (ou ses dérivés) ne tarde pas à se réduire et à passer en dissolution dans l'alcali, en donnant à la liqueur des propriétés physiques et chimiques qu'elle n'avait point d'abord ; ainsi, sa surface se trouve recouverte de lames cuivreuses miroitantes qui forment croûte (*fleurées*). Quant à la liqueur jaune verdâtre, elle a acquis la propriété, soit de teindre en bleu le calicot qu'on y plonge et qu'on déverdit au contact de l'air, soit de régénérer de l'indigo bleu, si, après l'avoir saturée au moyen de l'acide acétique, on vient l'oxyder par des proportions convenables de chlore, d'acide nitrique, d'acide chromique, de sels cuivriques ou mercuriques, ou enfin par une exposition suffisamment prolongée au contact de l'air. Nous avons essayé successivement sur le *vert de Chine*, l'action de chacun de ces agents réducteurs ; nous avons même substitué la soude, la chaux et la baryte à la potasse, sans pouvoir, en aucun cas, mettre en évidence les propriétés si caractéristiques de l'indigo ; au contraire, suivant la nature de l'alcali employé, son état de concentration, et la température à laquelle on le fait agir, nous avons vu qu'il y avait toujours destruction plus ou moins brusque de la matière colorante verte et transformation de celle-ci en une autre couleur, se rapprochant par la nuance et par certaines propriétés de celle du cachou. Ajoutons toutefois que, moyennant des précautions excessives, nous sommes parvenu, avec le réalgar seulement, à développer momentanément une couleur rouge dans laquelle le vert continuait de préexister. Enfin, à l'aide d'un mélange formé de quatre volumes d'acide sulfurique et d'un volume d'alcool, on peut toujours enlever l'indigo d'un tissu pour l'isoler ou le transporter à volonté sur un autre. Le calicot teint en *vert de Chine*, soumis à l'action d'un pareil mélange, ne cède pas sa couleur ; celle-ci passe au gris sale et revient à son état primitif, lorsqu'après avoir lavé le calicot, on le sature par l'ammoniaque.

Les expériences qui précèdent montrent clairement que le *vert de Chine* ne peut être confondu avec l'indigo ou l'un de ses dérivés connus ; celles qui suivent prouveront même qu'il possède des caractères particuliers qui le distinguent de toutes les matières colorantes connues et qui en font une véritable espèce.

Immergé dans une solution de sulfure ammonique, le calicot teint en *vert de Chine* passe immédiatement au pourpre ; rincé et exposé au contact de l'air, il revient brusquement à sa nuance primitive, surtout si l'on a eu la précaution de

l'humecter d'une goutte d'hydrate ammonique. Ces deux réactions complémentaires sont les caractères les plus essentiels
de la couleur qui nous occupe, les seuls, comme on pourra
en juger plus loin, qui puissent prévenir toute méprise.

Le chlore, l'eau régale, l'acide nitrique, qui détruisent cette
couleur, la font passer momentanément au rouge, sans qu'il
soit possible de régénérer le vert, alors même qu'on vient à
neutraliser les effets de ces agents.

En humectant une partie de cet échantillon vert et en l'exposant à l'action du chlore gazeux, on suit parfaitement bien
toutes les phases de la destruction de la couleur ; elle passe au
bleu, au pourpre, au rouge rose, au rose, et enfin se décolore
presque complétement. Lorsqu'on divise en deux un échantillon ainsi traité par le chlore, qu'une partie *a* est lavée à
l'eau légèrement acidulée par l'acide chlorhydrique, et l'autre
partie *b* à l'eau ammoniacale ; qu'ensuite on plonge ces deux
échantillons dans une dissolution faible et acidulée de prus-
siate de potasse (cyanure ferroso-potassique), on voit bientôt
l'échantillon *b* se teindre en bleu, tandis que l'autre reste
blanc, l'acide lui ayant enlevé le fer. Ce moyen, auquel nous
avons toujours recours pour rechercher de faibles proportions de mordants ferrugineux sur les tissus teints, avait été
employé, dans ce cas particulier, pour décider si le *vert de
Chine* contenait ou non du fer, et c'est ainsi que nous avons
été conduit à conclure à la présence de ce métal.

L'acide sulfureux et les divers acides du soufre, inférieurs
à l'acide sulfurique, agissant à froid, ou au besoin avec le
concours de la chaleur, font toujours passer le *vert de Chine*
à l'orange plus ou moins vif ; mais, comme ils agissent en
vertu d'un pouvoir réducteur, il suffit d'une exposition à l'air,
surtout avec le concours de l'ammoniaque, pour régénérer
promptement la couleur verte.

Le chlorure stanneux, comme au reste tous les sels stanneux acides, fait virer la nuance du *vert de Chine* à l'orange

vif; ici encore, comme il n'y a pas destruction, mais seulement modification de la couleur, un long séjour à l'air la fait revenir à son état primitif, et, comme dans le cas précédent, cette métamorphose peut être activée par le concours d'un alcali.

La coloration du *vert de Chine* par les sels stanneux est un caractère d'une valeur relative, puisque ce phénomène se manifeste aussi sur d'autres verts qui n'ont pas la moindre analogie avec lui[1].

Si l'on humecte d'une goutte de potasse ou de soude caustique ce même calicot vert, et qu'on opère à la température ordinaire, ce n'est qu'à la longue qu'une modification s'opère ; au contraire, si on passe un fer chaud sur cet échantillon chargé d'alcali et placé dans un double de papier, ou qu'on l'expose à une température de 120 degrés, la destruction du vert est complète et instantanée sur toutes les parties atteintes par l'alcali, et la couleur verte se trouve remplacée par une couleur brune (cuir-botte) qui reste parfaitement adhérente au tissu. Dans ce cas, comme dans celui où l'on fait agir les mélanges réducteurs alcalins, il n'est aucun agent qui puisse faire reparaître la couleur verte.

L'acide chlorhydrique fait passer la couleur au gris sale légèrement olivâtre ; s'il est faible, le changement se fait len-

---

1. Un jeune chimiste fort habile avait retiré, il y a deux ans, la matière colorante verte de l'artichaut et des cardons. Comme cette couleur offrait les caractères physiques du *vert de Chine*, et qu'elle passait aussi à l'orange par le chlorure stanneux, il crut avoir ce vert entre les mains ; il n'en était rien cependant, puisqu'on ne pouvait développer sur cette couleur aucune des réactions du sulfure ammonique, ni aucun des composés sulfurés qui en sont la conséquence, et dont il sera fait mention plus loin.

Nous avons nous-même extrait du fruit d'un *Rhamnus* un vert bleuté qui virait aussi à l'orange sous l'influence des sels stanneux, mais avec lequel les réactions du sulfure ammonique n'avaient pas lieu non plus.

Enfin, on peut composer, avec le tournesol ou ses congénères et un jaune quelconque, des verts qui virent toujours à l'orange par le chlorure stanneux.

tement, à moins qu'on ne fasse intervenir la chaleur; s'il est concentré, il a lieu immédiatement, mais, dans l'un ou l'autre cas, la couleur n'est point altérée, car il suffit de laver promptement l'échantillon et de le traiter par l'ammoniaque pour qu'elle revienne à sa nuance primitive.

On arrive au même résultat en faisant agir sur ce calicot vert un mélange d'acide sulfurique ou d'acide chlorhydrique concentré, avec de l'alcool ou de l'esprit de bois.

Tous les acides organiques et inorganiques qui, par leur constitution, ne peuvent agir ni comme agents oxydants ni comme agents réducteurs, manifestent toujours, par leur contact, à froid, ou au besoin à chaud, avec le calicot vert, des effets comparables, à l'intensité près, à ceux que nous venons de décrire pour l'acide chlorhydrique. L'adhésion de cette matière colorante au calicot, en présence des acides, est telle, qu'on peut faire bouillir le tissu dans de l'acide sulfurique ou de l'acide chlorhydrique étendu, mais cependant assez fort pour désagréger la fibre, au point d'en faire une sorte de pulpe, sans que la matière colorante soit détruite, car en lavant cette pulpe et en la traitant par le sulfure ammonique, elle se colore en pourpre, et, par le chlorure stanneux passe non plus à l'orange, mais au rouge saumon. Nous en expliquerons plus tard la cause.

Enfin, en faisant bouillir un fragment de ce même calicot avec de l'eau de savon, la couleur verte passe en dissolution sans avoir subi d'altération; cela est si vrai, qu'il suffit de l'action combinée d'un acide qui déplace la matière colorante et le corps gras, et de l'éther qui enlève ce dernier, pour obtenir une poudre noir bleuté, avec laquelle il est facile, à l'aide d'un peu d'ammoniaque, de teindre du calicot en vert.

On voit, d'après ce qui précède, que l'ensemble des caractères que possède le *vert de Chine* ne peut s'appliquer à aucune des matières colorantes connues, et, bien que, dans ces derniers temps, nous soyons parvenu à isoler certains dérivés de l'indigo qui s'en rapprochent[1], nous n'avons néanmoins pu établir, jusqu'à présent, aucune analogie réelle entre eux et la couleur qui nous occupe.

Dans une autre conclusion de notre note à l'Académie, nous disions que le *vert de Chine* était une couleur *sui generis*, ne renfermant ni jaune ni bleu.

Depuis que nous avons pu varier et multiplier nos expériences sur des calicots teints en Chine, nous avons été à même de constater que, contrairement à l'opinion que nous avions énoncée, le *vert de Chine* ne fait point exception dans le groupe des verts d'origine organique obtenus par teinture, et qu'il est formé, comme eux, d'un bleu et d'un jaune. Nous croyons aussi pouvoir déclarer qu'il n'y a pas identité absolue entre la couleur verte fixée sur les calicots et celle qui fait la base de la laque désignée sous le nom de *lo-kao*. Dans la première, le jaune domine; dans la seconde, c'est au contraire le bleu. Il nous paraît également hors de doute que les calicots ont été teints en Chine à l'aide de deux préparations bien distinctes et appliquées par des procédés également différents. Selon toute apparence, les Chinois teignent d'abord uniformément leur calicot en jaune ou jaune verdâtre [2], puis, sur l'une des faces seulement, ils impriment à la brosse, au tampon, au couteau ou par tout autre moyen, une couche de *lo-kao*, qui forme ainsi l'endroit de leur tissu.

Si les Chinois ont adopté ce procédé de teinture, c'est qu'ils ont sans doute reconnu, combien il est difficile d'associer au *lo-kao* la quantité rigoureuse de jaune pour faire un vert harmonique, et où le jaune ne domine pas, tant l'absorption de ce bleu par le jaune est facile.

1. Avec l'un de ces dérivés, on peut, en exceptant toutefois la nuance *ponceau*, réaliser par la teinture et sans l'intervention d'autre agent que la chaleur, toutes les couleurs simples, *binaires*, *ternaires* et *quaternaires* connues.

2. On ne peut contester l'existence du bleu dans ce jaune, mais il est impossible de dire s'il faisait partie du bain uniformément appliqué, ou s'il s'est infiltré lorsqu'on a déposé la couche de *lo-kao*.

Voici les expériences dont les résultats nous ont amené à rectifier, dans ce qu'elle avait d'absolu, notre première manière de voir sur la nature du *vert de Chine*.

Lorsqu'on fait tremper, pendant douze ou quinze heures, du calicot teint en *vert de Chine*, dans de l'acide chlorhydrique très-concentré, ce calicot se décolore presque complétement à l'envers, tandis qu'il passe au gris à l'endroit. En le lavant et en l'exposant, imprégné d'ammoniaque, au contact de l'air, il devient bleu de ciel à l'endroit et reste presque blanc à l'envers; traité par le sulfure ammonique, il passe au rouge pourpre, et par le chlorure stanneux ne vire plus à l'orange comme auparavant; il affecte seulement la nuance rouge saumon faible, l'acide lui ayant enlevé le jaune qui lui servait de base.

En faisant disparaître l'acide de la liqueur, on y retrouve une matière colorante jaune qui présente la plus grande analogie avec celle de la graine de Perse.

Ce que nous venons de dire ici, explique pourquoi la pulpe provenant de la désorganisation des fibres du calicot, par le contact des acides, ne se colore pas non plus en orange.

II.

LE LO-KAO.

Laque formée par la *Cyanine* [1], ayant pour base la chaux, la magnésie, l'alumine phosphatée et l'oxyde ferrique.

1. — HISTORIQUE.

L'introduction en Europe de ce produit de l'industrie chinoise est due à l'obligeante intervention de M. Forbes, con-

1. Nom que nous proposons pour désigner la couleur bleue non azotée qui sert de base au *vert de Chine*.

sul des États-Unis d'Amérique à Canton [1], qui a bien voulu, sur la demande que j'avais pris la liberté de lui faire, au mois de novembre 1851, m'envoyer dans une lettre, environ un gramme d'une matière, qu'en apparence on aurait pu prendre, si elle n'eût été en feuilles minces, pour une mauvaise qualité d'indigo de Java. Cette matière, au dire du Chinois qui l'avait procurée à M. Forbes, devait être celle qu'on emploie dans le Céleste-Empire pour teindre en vert les calicots. En effet, je teignis avec ce produit du calicot imprimé de divers mordants en un beau vert, quoique peu intense à la vérité.

Plus tard, profitant d'un navire frété pour Londres, M. Forbes m'expédia du *lo-kao* (environ 150 grammes), ainsi que de nouvelles matières qui, disait-on, teignent également en vert.

En examinant ces matières contenues dans de beaux vases de porcelaine, je pus me convaincre que les unes n'étaient que des spécimens de mauvais indigo en pâte, et les autres du vert de Schweinfurt (arsénite cuivrique), produit essentiellement européen.

Je me fis un plaisir de remettre un fragment de *lo-kao* à M. Guinon, teinturier à Lyon ; il parvint bientôt à s'en procurer une certaine quantité, et c'est ainsi qu'il a pu teindre ces

1. Je m'étais adressé auparavant à MM. Rondot et Haussmann, Délégués du commerce français dans l'Ambassade en Chine de 1844, pour obtenir d'eux des indications sur la matière colorante qui avait servi à teindre le calicot vert provenant de M. de Montigny, mais ni l'un ni l'autre ne pouvant me la faire connaître, j'envoyai à M. Forbes une note à ce sujet, en le priant de faire rechercher à Canton cette substance. Elle m'est arrivée à la suite de cette demande. Plus tard, M. Rondot acquit et fournit la preuve que ses collègues et lui se sont procuré à Canton, en 1844, une couleur végétale verte, que son prix élevé (240 fr. le kilo) fait supposer être le *vert de Chine*, et que lui-même a rapporté de Chine une teinture verte, du nom de *lo-kao* et du prix de 280 fr. le kilo. Il y a une si grande différence de valeur entre le *vert de Chine* et les autres matières tinctoriales, que la seule indication du prix est décisive. Ces échantillons ont été livrés au Ministère du commerce en 1846 ; on ignore ce qu'ils sont devenus.

beaux verts brillants sur soie, qui ont figuré pour la première fois à l'Exposition universelle de 1855.

Le *lo-kao* est expédié sous forme de lames minces plus ou moins gondolées, de 1 à 4 millimètres d'épaisseur et de 2 à 5 centimètres de côté, selon les soins apportés dans l'emballage pour en prévenir la rupture. Ces lames sont bleues, avec reflets violacés et parfois verts. La face des parties récemment brisées est tantôt d'un vert sale grisâtre, tantôt d'un bleu foncé ou violacé. Ces divers tons ou reflets se manifestent parfois sur une même lame, qui, malgré cela, frottée sur du papier, le colore toujours en un beau vert d'eau.

Le *lo-kao*, quoique se brisant très-facilement, ne peut cependant pas être pulvérisé dans l'acception du mot; il s'attache au mortier sous forme de magma, comme s'il était imprégné d'une substance visqueuse capable de se ramollir par le choc.

3. — PROPRIÉTÉS CHIMIQUES.

Sa composition n'est point homogène, car en l'incinérant, on en retire des quantités de cendres, dont le poids peut varier de 21.5 à 33 pour 100. De dix grammes de matières sacrifiées à une opération de ce genre, dans laquelle nous déterminions également l'eau d'hydratation par une dessiccation préalable, nous avons obtenu :

Eau.. . . . . 0.93
Cendres. 2.88
Matière colorante. 6.19

Nous avons retrouvé, dans ces cendres, des quantités d'oxyde ferrique qui s'élevaient jusqu'à 1 et demi pour 100 du poids du *lo-kao*.

Des proportions si variables de matières salines expliquent, non-seulement les différences que l'on constate dans les *lo-kao* d'origines diverses, mais encore comment il peut s'en rencontrer qui, de même que nos laques définies, sont complétement insolubles dans l'eau.

C'est vainement que l'on chauffe le *lo-kao* avec toutes sortes de précautions pour en retirer des produits sublimables; il y a toujours destruction immédiate de la matière, sans doute à cause de la forte proportion de chaux qu'elle renferme.

Les huiles essentielles, les alcools et les éthers, l'acétone, le sulfide carbonique, sont sans action sur le *lo-kao*.

L'eau peut simplement mouiller le *lo-kao* sans le dissoudre, ou bien le gonfler et en opérer la dissolution partielle.

En effet, trempé dans de l'eau pendant douze à quinze heures, le *lo-kao* qui s'y gonfle, se délaye parfaitement dans vingt-cinq ou trente fois son poids de ce liquide, mais sans jamais se dissoudre complétement. En admettant même les circonstances les plus favorables, il reste toujours 30 pour 100 environ de la matière primitive sur le filtre, au travers duquel on fait passer la liqueur et où on lave à extinction le résidu.

Diverses causes peuvent contribuer à augmenter la quantité de ce résidu : c'est d'abord la proportion excessive et variable de matières salines; c'est aussi la tendance qu'ont, suivant leur degré de concentration, toutes les dissolutions de *lo-kao* aqueuses, neutres, acides ou alcalines, à se troubler au bout d'un certain temps.

Ainsi, une solution dans l'eau distillée pourra se conserver très-bien pendant quelque temps, si elle est concentrée; mais, si on l'étend d'eau, elle ne tarde pas à se troubler et à donner lieu à un dépôt, dans lequel on trouve, d'une manière plus développée encore, les propriétés de la matière colorante.

Une solution de ce même *lo-kao* dans le chlorure stanneux acide, se conserve transparente pendant un certain temps; mais, étendue d'eau, il y a bientôt altération de la liqueur et

11

formation d'un dépôt *floconneux* d'une très-belle nuance ponceau.

Traité par des dissolutions de carbonate potassique et sodique, de borate, de phosphate, de pyro-phosphate des mêmes bases, le *lo-kao* se dissout en assez grande quantité, et les liqueurs qui en résultent, susceptibles de se conserver dans l'état de concentration où on les obtient, se troublent en quelques heures dès qu'on les étend d'eau ; ici encore le dépôt ou laque est ordinairement plus pur et plus propre à la teinture que le *lo-kao* lui-même.

Enfin, une autre cause qui peut faire varier la proportion du résidu recueilli sur le filtre, c'est l'espèce de fermentation, si l'on peut s'exprimer ainsi, qui fait qu'une dissolution même très-concentrée de *lo-kao,* finit toujours par se troubler au bout de quelques jours. Le dépôt devient d'abord violacé, puis rouge sanguin, et acquiert des propriétés qu'il ne possédait pas.

Quand, par exemple, on abandonne, dans un flacon bouché à l'émeri, de l'eau où l'on a simplement délayé le *lo-kao*, on ne tarde pas à voir se former au fond du vase ce dépôt glaireux *rouge sanguin*, qui exhale une odeur légèrement hépatique et jouit de la propriété de se dissoudre en forte proportion dans l'acétate calcique, alors que le *lo-kao*, dans son état primitif, ne peut s'y dissoudre relativement qu'en plus faible quantité.

Enfin, lorsque des dissolutions acides salines sont mélangées avec une solution de *lo-kao*, cette dernière peut se troubler, mais ce phénomène s'explique par une action générale des acides.

4. — ACTION DES ACIDES.

Dans leur contact avec le *lo-kao*, les acides peuvent agir, les uns en favorisant d'abord la dissolution de cette laque, les autres en modifiant ses propriétés et sa couleur ; d'autres (agents *réducteurs* et agents *oxydants*) en réduisant ou en détruisant par leur contact la couleur qui sert de base à la laque.

Acides qui favorisent la dissolution du lo-kao.

L'acide acétique est l'un des acides qui facilitent le plus la dissolution du *lo-kao*, mais cette propriété, il la doit peut-être moins à lui-même comme acide, qu'aux acétates qu'il engendre nécessairement par son contact avec la laque, puisque c'est précisément dans ces sels qu'on trouve des dissolvants actifs.

Les acides chlorhydrique, sulfurique, tartrique, convenablement étendus d'eau, peuvent aussi favoriser la dissolution du *lo-kao*, à condition que leur contact ne soit pas prolongé, et qu'on ne porte pas la liqueur à l'ébullition, car la laque subirait une décomposition partielle et le liquide se troublerait.

Acides qui modifient la composition de la laque, et par suite sa couleur.

Lorsqu'un acide n'est pas du nombre de ceux qui viennent de nous occuper, et que d'ailleurs il n'est ni agent réducteur ni agent oxydant du *lo-kao*, il pourra toujours, pour peu qu'il ait d'énergie ou qu'on fasse intervenir l'action de la chaleur, déterminer une dissociation partielle de la laque, en éliminant la matière jaune, ainsi qu'une certaine portion de la matière inorganique et donner naissance à une nouvelle laque.

Nous citerons, pour exemple, l'action de l'acide chlorhydrique.

Lorsque, dans une solution de *lo-kao* faite à froid, on verse environ un sixième de son volume d'acide chlorhydrique, elle n'est nullement troublée par la présence de cet agent et semble au contraire plus limpide; mais, si on la fait bouillir, elle passe du vert foncé au brun olivâtre, et finit par se troubler complétement, en produisant un dépôt gris de fer.

Quant à la liqueur qui reste, elle est colorée en un jaune
assez stable en présence des acides, mais qui passe immédiatement à l'orange par les alcalis.

L'acide chlorhydrique concentré favorise d'abord la dissolution du *lo-kao*, car la liqueur devient promptement d'un
vert intense, puis d'un vert jaunâtre; mais, au bout de quelques heures, elle se coagule et finit par se séparer comme le
sang, en caillot et en sérum. La partie caillée, délayée dans
de l'eau, y forme un précipité insoluble gris de fer foncé; la
partie liquide et soluble contient la matière colorante jaune,
ainsi qu'une portion des oxydes enlevés au *lo-kao*.

Les précipités qui proviennent de l'action de l'acide chlorhydrique, faible ou concentré, lavés avec tous les soins possibles, soit à l'eau pure, soit à l'eau aiguisée d'acide chlorhydrique, renferment toujours au nombre de leurs principes
constituants une *forte proportion d'oxydes*. Saturés par l'ammoniaque, ce n'est plus du vert qu'ils régénèrent, mais du
bleu et souvent même du bleu violacé; traités par le sulfure
ammonique, ils développent une belle couleur pourpre, et
par le chlorure stanneux, un rouge saumon; enfin, dans une
eau de savon bouillante, ils se dissolvent complétement, en
affectant une couleur verte, que le sulfure ammonique
change en une belle teinte pourpre, et le chlorure stanneux, employé en proportion convenable, en une laque *rose
intense.*

Acides agissant comme agents réducteurs.

Les acides phosphatique, phosphoreux, arsénieux, sulfureux, hypo-sulfureux, oxalique et formique, ne peuvent être
mis en contact avec une dissolution de *lo-kao*, sans provoquer, les uns à froid, les autres à chaud seulement, une
réduction de la couleur qui se manifeste par la métamorphose de sa nuance et par la formation d'un précipité pourpre
violacé. L'acide sulfureux agit à froid, sans donner lieu à

aucun précipité, tandis que les acides arsénieux, oxalique et formique , n'agissent qu'à chaud et troublent toujours la liqueur.

Le gaz sulfide hydrique, dirigé dans une dissolution froide de *lo-kao* , la réduit aussi en peu de temps , en lui donnant *une couleur rouge sanguin* très-intense; cette couleur ne peut se conserver qu'en présence d'un excès de sulfide hydrique, car, dès que l'air intervient, l'hydrogène est brûlé, le soufre se dépose, et la liqueur repasse insensiblement, en affectant plusieurs nuances intermédiaires , à la couleur verte primitive.

Acides agissant comme agents oxydants.

Les acides nitrique, hypo-nitrique , nitreux , chlorique, chloreux, iodique, bromique, chromique, etc., oxydent [1] et détruisent cette matière colorante en la transformant en de nouveaux produits qui seront étudiés ultérieurement.

Si, pour faire agir ces agents , on prend quelques précautions, on peut toujours suivre les phases de l'oxydation, par les couleurs successives et complémentaires qui prennent naissance et dont la dernière est un *rose tendre*.

Il est digne de remarque que le *lo-kao* passe au rouge , aussi bien par l'action des agents réducteurs que par celle des agents oxydants; mais empressons-nous de dire que cette couleur n'est pas la même , puisqu'avec celle qui provient des agents réducteurs, on peut toujours régénérer le vert, ou au moins le bleu violacé, tandis qu'il y a impossibilité de le faire avec la couleur qui dérive des agents oxydants.

Ajoutons qu'en dehors des acides qui viennent de nous occuper, l'acide sulfurique concentré dissout le *lo-kao* en se

---

1. Tous les *agents oxydants* employés avec précaution peuvent servir à développer la couleur verte, lorsque celle-ci a été modifiée par un agent réducteur.

colorant lui-même en rose brun vineux. L'eau décompose cette dissolution, et il s'y forme un précipité, dans lequel on ne peut plus reconnaître la présence de la matière verte, mais en échange on y constate une substance qui n'est pas sans analogie avec celle qui se forme sous l'influence des alcalis.

5. — ACTION DES ALCALIS.

Les alcalis caustiques mis en rapport avec le *lo-kao* semblent, au premier abord, n'avoir pour effet que d'en favoriser la dissolution; mais on voit bientôt que, par un contact prolongé, ou par l'ébullition de la liqueur, ils détruisent la couleur, car celle-ci passe subitement au brun, en formant une nouvelle matière colorante, qu'on ne peut plus ramener au vert et qui se fixe parfaitement sur le calicot, surtout avec le concours des oxydes aluminique et stannique.

L'eau de chaux, par une ébullition prolongée, provoque la même métamorphose; résultat qui ne s'accorde guère avec l'opinion de ceux qui prétendent que la chaux facilite la formation du *vert de Chine*.

Si la chaux, base salifiable si peu soluble, peut produire une pareille altération, on ne s'étonnera pas que les carbonates alcalins qui, à froid, ne détruisent pas le *lo-kao*, agissent néanmoins sur cette substance en la transformant, ainsi que les alcalis les plus énergiques, pourvu qu'on se place dans les conditions où la réaction doit s'effectuer.

Lorsqu'on délaye du *lo-kao* dans une solution de carbonate potassique et qu'on chauffe celle-ci dans un vase clos, à une pression de deux ou trois atmosphères, la matière verte est détruite et se trouve remplacée par une couleur brune qui reste en dissolution. D'un autre côté, si une pareille dissolution est épaissie et imprimée sur du calicot qu'on vaporise ensuite, la destruction du vert a lieu aussi, et à sa place il se fixe, sur le calicot, une belle nuance *gris tourterelle* très-foncé.

Aussi, quand on emploie des dissolutions de carbonate potassique pour délayer le *lo-kao* que l'on veut imprimer et vaporiser, faut-il avoir soin de neutraliser préalablement l'alcali par de l'acide acétique.

Lorsqu'avec ces mêmes alcalis ou carbonates alcalins, on mélange l'un de ces agents employés à réduire l'indigo bleu pour le faire passer à l'état d'indigo blanc, la destruction du *lo-kao* a encore lieu, comme si l'alcali eût agi isolément.

Les sulfures potassique et sodique provoquent aussi des altérations du même genre, mais le *sulfure ammonique* fait exception : il réduit et dissout avec beaucoup d'énergie cette couleur. En vertu de cette double propriété, il est le réactif qui décèle le mieux la présence de la matière verte du *lo-kao* dans ses divers états, et l'un des agents qui en facilite le plus l'emploi dans la teinture.

6. — ACTION DES SELS.

Il en est qui agissent sur le *lo-kao* comme agents réducteurs ; ce sont le *formiate* et le *sulfite ammonique*, par exemple ; d'autres, au contraire, interviennent comme agents oxydants et altèrent plus ou moins profondément la molécule colorée, tels sont les sels de mercure, d'argent, etc. Ainsi, lorsqu'on fait bouillir une solution de *lo-kao* chargée de nitrate argentique, il y a destruction mutuelle des corps en présence, et l'argent réduit se précipite. Une solution de cyanure rouge dans l'hydrate potassique ou sodique, détruit instantanément la couleur du *lo-kao*, effet qui se rattache indirectement aux phénomènes d'oxydation que nous venons de signaler.

D'autres sels peuvent, comme nous le verrons, favoriser la dissolution du *lo-kao* ; mais les faits les plus intéressants de cette partie de la question sont évidemment ceux qui nous démontrent l'énergie avec laquelle cette matière s'approprie les oxydes terreux ou métalliques, pour former avec eux des

composés ou laques ; dans ces composés, les propriétés indi-
viduelles des principes constituants sont tellement masquées,
que les réactions qui caractérisent le mieux les oxydes sont
impuissantes à les manifester. L'énorme quantité de substances salines qu'on retrouve dans les cendres du *lo-kao*
et dans celles de ce même corps traité par l'acide chlorhydrique concentré, est déjà une preuve à l'appui de la proposition que nous venons d'énoncer ; nous ajouterons que les
réactifs qui décèlent si facilement la chaux et la magnésie
dans les dissolutions ordinaires, n'agissent qu'imparfaitement
sur celles qui sont formées de *lo-kao*, quand bien même ces
oxydes s'y trouvent en fortes proportions. Le fer, comme on
l'a vu, y existe en quantité assez considérable, et, cependant,
avec le sulfure ammonique, on ne parvient jamais à mettre
en liberté le sulfure ferreux ; ce métal se trouve ici masqué
comme il l'est dans le sang. En un mot, la matière colorante
du *lo-kao* peut, comme la garance dans certains cas [1], dis-
simuler à un tel point les oxydes, que l'incinération seule de
la matière permet d'en démontrer l'existence.

Sels qui favorisent la dissolution du lo-kao.

Le *lo-kao*, gonflé par l'eau, se dissout à chaud en très-forte
proportion dans une solution de phosphate, de pyro-phosphate et de borate sodique ou potassique. Les bains colorés
formés de la sorte, teignent directement en vert les tissus de
coton. L'ammoniaque liquide, le carbonate ammonique, les
acétates potassique, sodique et ammonique, et, dans certains cas aussi, les acétates calcique et magnésique, sont
également d'excellents agents dissolvants du *lo-kao*. Mais
le meilleur de tous les composés salins capables de le
dissoudre, est sans contredit le savon, qui, en vertu de

---

1. Voy. le *Traité de l'impression des tissus*, Ier et IIe volumes, article garance
et garançage.

cette propriété, sert de puissant auxiliaire dans la teinture du calicot. Si, en effet, on délaye du *lo-kao* gonflé dans un bain chaud tenant en dissolution cinq ou six millièmes de savon blanc, et qu'on y plonge du calicot blanc, on le retire teint en un vert d'eau des plus purs.

Sels dont les bases sont plus ou moins dissimulées par le lo-kao.

Sels zincique et magnésique.

Les chimistes savent avec quelle facilité les oxydes zincique et magnésique absorbent et dissimulent l'oxyde ferreux dans leurs combinaisons. Or, soit en vertu de cette propriété seulement, soit à cause du volume moléculaire de leurs équivalents [1], ces sels exercent une action spéciale sur les solutions de *lo-kao*. Quelle que soit l'intensité de la teinte verdâtre de ces dernières, elle passera immédiatement au *bleu pur*, dès qu'on y ajoutera, ou du *chlorure zincique*, ou du *chlorure magnésique*. Cet effet se remarque encore, lorsqu'on teint du calicot dans des bains de *lo-kao* chargés d'un sel de zinc, car, alors, ce n'est plus du vert que l'on obtient, mais un bleu qui momentanément pourrait se confondre avec un *bleu cuvé*.

Sels ammoniques.

L'alun, tout en favorisant la dissolution du *lo-kao*, en modifie aussi la nuance qui, toutes circonstances égales d'ailleurs, est toujours bleutée; lorsque les sels aluminiques sont très-acides, ils y provoquent des effets du genre de ceux que nous avons signalés à l'occasion des acides, c'est-à-dire que la liqueur se fonce et se trouble.

1. Voy. *Théorie de la fixation des couleurs; Traité de l'impression des tissus*, IIe volume.

Sels d'étain.

Le chlorure stanneux acide dissout une très-grande quantité de *lo-kao*, et fait passer sa couleur au rouge sanguin. Cette dissolution, qu'on peut employer avec succès à la teinture de la soie, n'a besoin que d'être saturée par une base puissante ou par un acétate alcalin, pour que, après une exposition à l'air, le vert se trouve régénéré. Rappelons ici ce que nous avons déjà signalé ailleurs : c'est que ces dissolutions ne se conservent pas à tous les degrés de concentration; qu'elles se troublent quelquefois par des causes que l'on ne peut pas toujours éviter. Enfin, arrêtons-nous un instant sur un fait dont les conséquences doivent être prévues.

On verra plus loin que la soie se teint dans un bain formé de *lo-kao* et de chlorure stanneux acide, et cependant, il suffit d'y ajouter de l'acétate sodique, qui, en apparence, ne produit aucun effet, pour que ce bain perde la propriété de teindre la soie. On ne peut s'expliquer ce résultat, que par l'action de l'acétate qui met l'oxyde stanneux en présence de la matière colorante et qui fait perdre à celle-ci l'affinité qu'elle avait pour la fibre.

Sels stanniques.

Les chlorures et le sulfate stannique agissent comme de véritables acides; ils contribuent d'abord à la dissolution du *lo-kao*, puis, par un contact prolongé, ou par le concours de la chaleur, ils troublent les dissolutions, en donnant lieu à un précipité.

A l'occasion des composés salins, il nous reste à examiner un autre ordre de phénomènes, qui n'est peut-être pas celui qui mérite le moins de fixer notre attention.

On a vu qu'une dissolution de *lo-kao*, dans laquelle on dirige un courant de sulfide hydrique, ne tarde pas à se réduire et à passer au rouge orangé, sans qu'il y ait changement dans la solubilité de la matière. Dès lors, il semblait que pour rompre l'affinité excessive qui existe entre la *cyanine* et les oxydes terreux qui composent le *lo - kao*, et isoler la matière colorante pure, il ne s'agissait pour nous que de for-mer, sous l'influence d'un acide énergique, une combinaison métallique dont le radical sulfurable pût être enlevé par le sulfide hydrique; c'est pour atteindre ce but qu'après avoir préparé une solution concentrée de *lo-kao* dans le chlorure stanneux acide, nous avons sursaturé cette liqueur d'acide chlorhydrique concentré, afin de provoquer la formation de ces flocons rouges dont il a été question plus haut. Ces der-niers, recueillis et lavés à l'acide chlorhydrique, furent délayés dans de l'eau, et nous y dirigeâmes un courant de sulfide hydrique, à l'effet de former, d'une part, du sulfure stan-neux noir insoluble, de l'autre, la matière colorante réduite et exempte de tout oxyde; mais, contre notre attente, la liqueur resta incolore, et le précipité, changeant d'aspect, affecta la teinte orange du minium. Ce fait n'est point isolé, car, si dans un sel de cuivre on ajoute une solution de *lo-kao*, et qu'on y dirige aussi un courant de sulfide hydrique, il y aura encore un précipité qui n'est point du sulfure, et l'oxyde cuivrique ne pourra en être retiré que par la destruction de la matière organique.

Comme on le sait, le chlorure zincique neutre précipite partiellement en blanc par le sulfide hydrique; en présence du *lo-kao*, ce même chlorure donne un précipité d'abord bleu, puis pourpre, puis gris, et enfin rose; recueilli sur un filtre et lavé, il redevient bleu au contact de l'air. Nous avons constaté ce genre de phénomènes sur la plupart des sels dont la base est sulfurable par le sulfide hydrique, et nous avons vu de plus que, quand le précipité formé dans une dissolution saline était à son tour soluble dans le sulfure ammonique, il se dissolvait encore dans ce réactif, bien qu'il eût été engen-dré en présence du *vert de Chine*. C'est ainsi, qu'après avoir formé un précipité dans une dissolution de *lo-kao* chargée de chlorure antimonique, nous avons redissous celui-ci dans du sulfure ammonique, où nous avons teint du calicot en un beau vert de Schéele, nuance qu'il faut attribuer au bleu du *lo-kao*, associé à l'orange du sulfure antimonique.

III.

APPLICATIONS.

Il ne peut être question ici des applications de la *cyanine* mais seulement de celles du *lo-kao*, avec lequel, comme nous l'avons vu, on peut teindre ou imprimer les fils de coton, de soie et de laine. Dès lors, ne perdons pas de vue que cette matière est une laque, partiellement soluble dans l'eau, et qui, par cela même, ne peut être entièrement utilisée qu'autant qu'on fait intervenir des agents auxiliaires capables d'en faciliter la dissolution, et qui lui permettent ainsi de se fixer sur les fibres textiles en faisant corps avec elles.

Dans notre note à l'Académie des sciences[1], nous posions en principe que le *vert de Chine* ne pouvait se fixer au tissu que moyennant le concours d'un mordant, et nous maintenons encore cette proposition, quoiqu'on ait constaté depuis que du calicot et de la soie peuvent se teindre directement dans un bain de *lo-kao*.

L'échantillon avec lequel nous avions fait nos premières teintures avait saturé les mordants d'alumine, de fer, de fer et d'alumine, forts et faibles, sans charger sensiblement les parties blanches non mordancées du tissu. Depuis, toutes les fois que nous avons eu recours à du *lo-kao* épuré et exempt, autant que possible, de matières salines, les teintures de toiles imprimées de mordants se sont toujours faites de la même manière ; au con-

1. 18 octobre 1852.

traire, en employant du *lo-kao* brut, en y ajoutant même des matières salines, la toile s'est teinte uniformément dans ses parties mordancées comme dans celles qui ne l'étaient pas. C'est précisément ce qui se passe avec la garance ; car on sait que, purifiée et employée avec de l'eau pure, elle altère à peine les parties blanches du tissu, tandis que, non lavée et délayée dans une eau très-impure, ces mêmes parties se chargent fortement de couleur et sont teintes dans l'acception du mot.

Il faut conclure de ces faits que, selon la nature du *lo-kao* employé à une teinture de calicot par exemple, celle-ci pourra se faire directement sans le secours d'aucun agent, ou bien qu'il faudra l'intervention d'un mordant proprement dit. Tout se réduit donc, dans l'emploi de cette laque à la teinture et à l'impression, à savoir, ou la purifier, ou en préparer une nouvelle, et à connaître en outre les auxiliaires propres à la transmettre et à la fixer au tissu.

1. — PURIFICATION DE LA LAQUE.

Pour purifier la laque, on délaye du *lo-kao* gonflé dans une eau très-saturée de carbonate potassique, de manière à obtenir une solution concentrée de matière colorante qu'on laisse éclaircir et que l'on étend d'eau ensuite ; en abandonnant à elle-même cette dissolution, il ne tarde pas à s'y former un précipité vert qui augmente de plus en plus et s'accumule au fond du vase. Ce précipité recueilli, lavé, égoutté, s'emploie avec un égal succès à la teinture et à l'impression des calicots et des soies.

La purification peut encore s'effectuer d'une autre manière ; on prend un poids donné de *lo-kao* gonflé, et on le broie dans un mortier avec une fois et demie son poids d'acide acétique du commerce, qui agit sur les bases carbonatées et phospha-tées et les dissout. En délayant le tout dans cinq cents parties

d'eau, on obtient une liqueur très-chargée en couleur que l'on
filtre et que l'on sature par l'ammoniaque ; bientôt une nouvelle laque se dépose, plus riche que celle sur laquelle on a
opéré et qui donne un meilleur résultat à la teinture et à
l'impression.

2. — LAQUES A BASE D'ALUMINE, D'ÉTAIN, DE CHAUX.

Laque à base d'alumine.

Il existe plusieurs procédés pour la préparation de ces laques, mais qui se réduisent à trois modes, A, B, C, que nous
allons décrire successivement.

A. — On forme une dissolution de *lo-kao* par un lavage
rationnel ou à l'eau pure, ou bien à l'eau tenant en dissolution
une quantité convenable d'acétate, de sulfate, de nitrate aluminique, ou mieux encore d'alun. Si l'épuisement a eu lieu à
l'eau pure, les sels aluminiques devront être introduits dans
la liqueur après que les lavages seront terminés. On voit donc
qu'en ayant recours à l'un ou l'autre de ces modes, on arrive toujours en définitive à avoir une solution de *lo-kao* et
d'un sel aluminique. Or, en ajoutant à un pareil mélange de
l'ammoniaque caustique ou carbonatée, ou bien du carbonate
potassique ou sodique, l'alumine sera toujours mise en liberté,
et entraînera en se déposant la matière colorante du *lo-kao*
tenue jusqu'alors en dissolution. Le précipité une fois formé
est séparé par décantation ou par filtration.

B. — On peut suivre une méthode exactement inverse,
c'est-à-dire délayer le *lo-kao* gonflé dans une dissolution
d'ammoniaque ou de carbonate d'ammoniaque, ou de carbonate potassique ou sodique, ou enfin de phosphate ou de
pyro-phosphate des mêmes bases. On décompose avec précaution la liqueur fortement chargée de couleur qui provient de
ce premier traitement, en employant l'un des composés aluminiques énoncés ci-dessus ; il se forme alors un précipité

plus ou moins riche en matière colorante, selon qu'on a trouvé plus ou moins exactement la quantité relative d'alumine à employer ; car, avec ce mode de préparation, il importe avant tout de ne pas exagérer la proportion de cette base dont l'excès rend toujours une laque moins efficace à la teinture.

C. — Le *lo-kao* peut aussi être dissous, soit dans une dissolution d'alun cubique, soit dans une dissolution d'alun octaédrique que l'on rend cubique après qu'elle est chargée de matière colorante. La dissolution alunée est ensuite portée à l'ébullition ; à cette température, l'alun cubique donne naissance à du sulfate trialuminique insoluble, qui absorbe la matière colorante et la précipite en combinaison avec lui.

Ces différentes laques alumineuses sont lavées, égouttées et conservées humides pour l'usage ; elles servent avec beaucoup de succès pour la teinture et l'impression des soies et surtout des calicots.

Laque d'étain.

Si l'on prépare à l'aide de l'eau pure ou aiguisée d'acide acétique une solution concentrée de *lo-kao*, et qu'on y ajoute du chlorure stannico-ammonique, en quantité telle que la matière colorante prédomine, on obtiendra un beau précipité bleu, pourvu toutefois qu'on ait introduit dans la liqueur une proportion d'acétate sodique équivalente à celle du chlorure stannique employé. Ce précipité est recueilli sur un filtre et lavé pour être conservé en pâte.

Laque calcaire.

Lorsque, par une espèce de fermentation qu'éprouve le *lo-kao* conservé sous l'eau dans des flacons bouchés à l'émeri, on a obtenu des liqueurs pourpre ou rouge fauve, ou qu'on a réduit une solution de *lo-kao* par les acides arsénieux, phosphoreux, oxalique et formique et donné ainsi naissance à ces beaux précipités violets dont il a été fait mention plus haut, et qu'enfin on vient à traiter l'un ou l'autre de ces produits par une solution d'acétate calcique[1], on obtient des liqueurs bleu intense qui finissent par se troubler et par produire un dépôt bleu foncé, virant au violet.

Nous aurions pu nous étendre davantage encore sur la préparation des laques qu'engendre le *lo-kao* avec les divers oxydes métalliques, mais il nous a semblé qu'il n'y avait lieu de parler ici que de celles qui sont susceptibles d'application à la teinture et à l'impression, les autres trouvant naturellement leur place dans le travail plus essentiellement théorique qui fera suite à celui-ci.

3. — TEINTURES.

Soie.

M. A. F. Michel, habile teinturier de Lyon et membre de la Chambre de commerce de cette ville, a fait connaître un procédé de teinture sur soie qui ne laisse rien à désirer ; ce procédé consiste à monter un bain convenablement dilué à l'aide d'une dissolution de *lo-kao* aluné et à y faire passer, à plusieurs reprises et à une douce température, les soies préalablement décreusées. On peut substituer au *lo-kao* brut le *lo-kao* purifié, ou bien l'une ou l'autre des laques alumineuses.

Il est un autre procédé que nous croyons devoir reproduire ici. On compose, avec une solution de *lo-kao* dans le chlorure stanneux faiblement acidulée et un certain volume d'eau, un bain dans lequel on manœuvre, à la température ordinaire, la soie que l'on veut teindre. En peu de temps, elle se charge d'une couleur rouge saumon pâle ; on la retire alors et on la lave pour la passer ensuite soit dans une eau légèrement alcalinisée par l'ammoniaque ou par la potasse, soit dans un bain formé d'acétate calcique sursaturé de chaux.

1. Neutralisé sous l'influence d'un excès de chaux.

On voit immédiatement alors la couleur rouge de la soie passer au pourpre, et, par une série de nuances intermédiaires,
au bleu pur. Après avoir bien laissé oxyder à l'air, on rince et
l'on passe, à froid, dans une infusion de graine de Perse, afin
de donner au bleu la quantité de jaune nécessaire pour faire
un vert harmonique. Il est à remarquer que, quand le *lo-kao*
affecte la couleur violette, les verts obtenus ne sont plus brillants à la lumière. Ce procédé réussit parfaitement dans l'impression sur soie, pourvu qu'on emploie un excès de laque et
qu'on réduise la proportion de chlorure stanneux au point
qu'après le vaporisage de la couleur une exposition à l'air
suffise pour développer le bleu.

On peut aussi teindre la soie avec succès en commençant
par l'aluner, puis en la manœuvrant dans un bain formé de
lo-kao dissous dans le sulfure ammonique comme s'il s'agissait de teindre en *bleu de cuve,* c'est-à-dire en faisant succéder
à chaque immersion dans le bain une exposition à l'air, non
plus pour *déverdir,* mais bien pour *dérougir,* s'il est permis de
s'exprimer ainsi. Rien n'est plus frappant que de voir un
bain d'un beau rouge pourpre teindre en vert.

Enfin, voici un procédé pour la teinture de la soie que
nous ne ferons que signaler ici : il consiste à délayer le *lo-kao*
gonflé dans une lessive alcaline faible, saturée d'oxyde stanneux ; la soie immergée dans cette préparation n'a besoin que
d'être exposée à l'air, pour devenir d'un beau bleu nuance
vert d'eau, dont on fait du vert en y ajoutant un jaune brillant
à la lumière.

Coton.

Pour teindre les fils de coton et les calicots, on prépare des
bains où l'on a délayé, dans une quantité d'eau suffisante,
soit du *lo-kao* brut ou purifié, soit des laques alumineuses ;
et, selon la nuance qu'on veut obtenir, on y ajoute un peu de
carbonate, de phosphate, de pyro-phosphate ou de borate

de soude, ou bien encore de faibles proportions de sel d'alumine, de magnésie ou de zinc. Ces bains étant chauffés de 40 à 60 degrés, on y teint les cotons et les calicots en bleu, teinte vert d'eau, ou en vert d'eau plus ou moins foncé. La présence d'un sel de zinc détermine la couleur bleue; celle des phosphates et borates, la nuance verte.

Le coton se teint aussi très-bien dans un bain formé de *lokao* dissous dans le sulfure ammonique, mais, comme une exposition à l'air est indispensable pour développer les couleurs, ce procédé n'offre pas les mêmes avantages que celui dont il va être question.

Considéré sous le rapport de la facilité d'exécution, de la pureté des teintes et de leur uniformité sur le tissu, le procédé que nous donnons ci-après et auquel nous avons déjà fait allusion, dépasse de beaucoup tous les autres. Dans 10 litres d'eau, on fait dissoudre 50 à 60 grammes de savon blanc, et l'on y délaye une quantité convenable de *lo-kao*, préalablement gonflé ou purifié ; on chauffe ce bain, et il suffit d'y plonger les fils de coton ou le calicot pour qu'ils se teignent immédiatement.

Le procédé d'impression du *lo-kao* sur calicot est des plus élémentaires : il suffit d'imprimer, sur toile alunée ou non, de l'eau de gomme dans laquelle on a délayé soit du *lo-kao* pur ou impur, soit des laques alumineuses ; le tout avec ou sans addition d'acétate d'alumine, d'alun ou de l'un des agents employés dans la teinture.

On peut aussi imprimer une solution épaissie de *lo-kao* faite dans le chlorure stanneux acide, sécher et passer le calicot dans un bain clair d'acétate calcique sursaturé de chaux ; ou bien enfin former à chaud une solution concentrée de *lo-kao* dans du savon, l'épaissir, l'imprimer et vaporiser le tissu qui en est chargé.

Laine.

D'habiles expérimentateurs ont mis en doute la possibilité de fixer le *vert de Chine* sur la laine. Cette fixation présente à la vérité des difficultés qui, au premier abord, paraissent insurmontables. En effet, la laine, par sa constitution, joue le rôle d'agent réducteur envers certaines couleurs, et celle du *lo-kao* est précisément de ce nombre. En outre, une couleur, pour être fixée sur la laine, doit être acide, et, dans cette condition, la matière colorante du *lo-kao* se trouve réduite ou modifiée, et passe au gris. Malgré ces deux grandes difficultés, nous sommes parvenu à teindre et à imprimer le *vert de Chine* par le moyen suivant :

Lorsqu'il s'agit d'impression, nous prenons de l'eau de gomme, et nous y délayons une quantité suffisante de la laque à base d'étain dont nous avons donné la préparation, en y ajoutant un peu d'acide oxalique pulvérisé ; puis, nous imprimons et vaporisons le tissu, et la couleur verte se trouve fixée dans toute sa pureté.

Pour opérer une teinture, nous délayons dans l'eau cette même laque d'étain ; ensuite, nous chauffons ce bain en y ajoutant de temps en temps quelques gouttes d'acide oxalique, et le tissu de laine qu'on y plonge ressort parfaitement teint. On réussit encore à teindre la laine en employant la dissolution du *lo-kao* dans le chlorure stanneux acide. Comme la soie, la laine devient rouge saumon dans ce bain ; on la rince alors, et un passage dans l'acétate calcique la métamorphose en un bleu qu'il est difficile de faire passer au vert.

Nous ne terminerons pas cette note sans dire un mot des conditions à réaliser pour obtenir un vert qui apparaisse avec éclat à la lumière, qualité qui distingue éminemment le *vert de Chine*. Pour qu'un vert soit brillant à la lumière, il faut que le bleu et le jaune qui le composent le soient aussi isolément. Or, il est des bleus qui semblent presque violets et pourpres à la lumière, comme il est des jaunes qui y pâlissent, ou qui y paraissent oranges. On comprendra dès lors que, pour peu qu'on fasse un vert où il entre un de ces bleus ou de ces jaunes, ce vert ne pourra jamais être harmonique et brillant à la lumière.

Le jaune permanent et brillant est tout trouvé dans la graine de Perse, cependant il a l'inconvénient de virer à l'orange par les alcalis ; mais en supposant qu'on ne puisse pas l'employer, on ne serait point arrêté par cette difficulté, puisque les Chinois possèdent un grand nombre de jaunes, parmi lesquels nous en avons trouvé un qui est insensible à l'action des acides et des alcalis : le jaune permanent par excellence.

Quant au bleu, on le trouve soit dans l'indigo, bleu de cuve, soit dans le carmin d'indigo ; mais, quelle que soit la préparation à laquelle on ait recours, il y a une condition indispensable à réaliser et qui domine toute la question ; c'est d'éliminer préalablement de l'indigo ou de l'un de ses produits secondaires le pourpre d'indigo et la phénicine, afin d'obtenir des teintes bleues pures. Ce résultat obtenu, on prend une lessive faible que l'on sursature d'oxyde stanneux, et à l'aide d'une chaleur convenablement ménagée, on y fait dissoudre autant d'indigo ou de sulfate d'indigo qu'elle peut en prendre. On monte ainsi une cuve à l'étain, dans laquelle on teint à la manière ordinaire en bleu de ciel pur et au ton voulu ; on donne ensuite un pied de jaune en rapport avec le vert que l'on veut obtenir.

Nous avons formé par ce moyen des verts qui se rapprochaient beaucoup de celui du *lo-kao*.

Juin 1857.

RECHERCHES

SUR LA MATIÈRE COLORANTE

DES

NERPRUNS INDIGÈNES

PAR

M. A. F. MICHEL

LETTRE DE M. J. PERSOZ

A M. NATALIS RONDOT.

Paris, le 19 janvier 1858.

Mon cher collègue,

J'ai lu avec le plus vif intérêt la note de M. Michel sur la
production du *vert de Chine* au moyen des nerpruns indigènes.
En présence de faits si bien observés et si consciencieuse-
ment recueillis, il ne peut plus subsister de doutes sur l'origine de ce vert et sur les circonstances de sa formation ; et,
d'après tous les essais que j'ai faits sur les échantillons que
m'a remis l'habile teinturier lyonnais, il est certain que, au
degré de pureté près, c'est la même matière colorante que
celle qui existe sur les calicots verts teints en Chine. Le procédé suivi par les Chinois et appliqué avec tant de succès par
M. Michel, sera sans doute encore perfectionné, et peut-être
arrivera-t-on, à l'aide de certains acétates, ou même du sulfure ammonique, à former plus promptement et d'une manière
plus parfaite la matière tinctoriale ; mais il n'en est pas
moins vrai que cette formation du *vert de Chine* est maintenant
un fait accompli en Europe, et que ce vert ne se développe
qu'avec le concours de la lumière. Nous ne devons donc plus
le rechercher tout formé dans les plantes, mais nous appli-

quer à découvrir le principe immédiat[1] qui existe nécessairement dans les nerpruns, afin de pouvoir l'étudier dans toutes
les métamorphoses qu'il subit.

Des conséquences très-importantes découlent des expériences de M. Michel : d'abord, elles rectifient différents juge-
ments portés sur des assertions venues de Chine et font considérer comme non avenu le passage de mon travail où je dis,
page 151, lignes 19, 21, 22 et 23 : « Selon toute apparence,
les Chinois teignent..... ; puis, sur l'une des faces seulement,
ils impriment à la brosse, au tampon, au couteau ou par tout
autre moyen, une couche de *lo-kao* qui forme ainsi l'endroit
de leur tissu[2]. »

De plus, il est un point sur lequel j'insisterai, en raison de
la portée des applications qu'il peut avoir pour l'industrie,
c'est que dorénavant on doit considérer la lumière comme
agent industriel dans la teinture. Jusqu'à présent, on recon-
naissait bien à ce fluide le pouvoir, ou de former la *chlorophylle*
(matière verte des plantes), ou de contribuer à sa destruction,
suivant les circonstances; mais, d'après ce qui vient d'être
dit, son cercle d'action se trouve considérablement agrandi,
et nous prévoyons déjà que les sucs d'une multitude de
plantes se modifieront sous l'action de la lumière, en donnant naissance à un grand nombre de couleurs inconnues
jusqu'ici.

Dans ce nouveau mode de production des matières colorantes, on sera sans doute dans le cas d'observer des phéno-

---

1. Principe immédiat qui, au moins aussi sensible à la lumière que le sont
certaines substances employées en photographie, se modifie en présence des
rayons lumineux pour engendrer cette belle et riche couleur bleue (la *cyanine*),
base du vert de Chine.

2. M. Mercer avait eu la même idée que M. Persoz (voy. p. 73), et M. Mathieu-
Plessy avait dit aussi : « Cette couleur d'un bleu-vert semblait être comme
appliquée au pinceau d'un côté de l'étoffe. » Les expériences de M. Michel ne
permettent plus d'admettre ces suppositions.   N. R.

mènes semblables à ceux que l'on constate dans le contact de certains corps avec la lumière ; c'est-à-dire que les unes seront impressionnables à la lumière diffuse, et les autres seulement à la lumière solaire : ainsi, l'acide nitro–cyminique, qui se conserve parfaitement blanc et transparent à la lumière diffuse, passe au vermillon le plus vif et le plus pur, dès qu'il est frappé par les rayons solaires.

Agréez, etc.

J. Persoz.

RECHERCHES

SUR LA MATIÈRE COLORANTE

DES

NERPRUNS INDIGÈNES.

La note qu'on va lire contient l'indication de quelques recherches auxquelles je me suis livré sur le *vert de Chine*, depuis le rapport fait par moi à la Chambre de commerce de Lyon, le 8 janvier 1857, rapport qui a provoqué le concours ouvert par la Chambre.

Cette note n'était pas destinée à la publicité. Communiquée à M. Persoz, elle lui a paru propre à diriger les concurrents et à leur indiquer un des terrains où peut se trouver la solution de la question proposée par la Chambre. Je cède aux obligeantes instances de l'éminent chimiste, et je me décide à la laisser joindre au savant travail de M. N. Rondot, mais je prie mes lecteurs de ne considérer les recherches dont je vais rendre compte que comme des essais en quelque sorte préliminaires.

En janvier 1857, mon honorable collègue, M. Desgrand, me remit quelques jeunes branches du *pa-bi-lo-sa* des Chinois (*Rhamnus chlorophorus* de M. Decaisne); je fis avec elles mon premier essai à Lyon. Soit que les arbustes dont on m'avait donné les branches fussent trop jeunes, soit que les conditions dans lesquelles je me trouvais placé, fussent défavorables (tous les matins, mes toiles se trouvaient plus ou moins salies par les matières charbonneuses dont notre atmosphère est constamment chargée, surtout en hiver), cet essai ne fut pas satisfaisant. Je me décidai à attendre le printemps pour reprendre ce travail à la campagne. Néanmoins, je remarquai avec plaisir, dans la couleur fauve que mes toiles avaient acquise, la singularité d'un envers et d'un endroit, sur des toiles teintes par immersion.

L'examen des toiles vertes teintes en Chine et qui présentent, comme on le sait, un envers et un endroit bien tranchés, avait fait croire aux teinturiers et aux chimistes, que cette teinture n'était point obtenue par simple immersion, mais qu'elle était produite par l'application de la matière colorante, au rouleau ou à la brosse. Aussi doutait-on généralement de la réalité du procédé si bien décrit par le R. P. Louis Hélot, quoique ce procédé fût corroboré par les renseignements fournis par M. Arnaudtison, ancien délégué de la Chambre de commerce de Rouen en Chine, et surtout par ceux donnés plus récemment par le rév. M. Joseph Edkins, missionnaire anglais à Chang-haï.

Le R. P. Hélot a envoyé au Conseil de la Propagation de la foi, qui m'en a remis des échantillons, deux coupons de toile verte teinte en Chine. L'un de ces coupons porte cette inscription : *Toile dite par les Chinois* SÉ-LO-POU, *provenant de la préparation du lo-kao.* Cette toile, qui est d'un beau vert d'un côté, est très-peu colorée de l'autre. L'autre coupon porte l'inscription suivante : *Toile dite par les Chinois* OU-LO-POU, *teinte par le lo-kao.* Cette dernière toile est d'un vert plus clair, mais uniforme sur les deux faces.

La toile teinte avec le *lo-kao* est évidemment une teinture ordinaire par immersion ; la matière colorante existait toute formée dans le bain et elle a teint le tissu uniformément, ce qui est naturel ; mais la teinture dans le bain d'écorces, qui n'a teint le tissu que d'un côté, était plus difficile à expliquer. Il fallait admettre que la matière colorante se trouvait dans le bain à l'état latent, et que la couleur se développait pendant une longue exposition à l'air, ou à la lumière, et d'un côté seulement. Les renseignements que je viens d'indiquer, l'absence de matière verte dans le bain d'écorces, l'envers et l'endroit déjà remarqués dans mon premier essai, tout me portait à admettre cette hypothèse, quoiqu'elle me parût singulière.

Les Chinois emploient pour la préparation du *lo-kao*, deux nerpruns : le *hom—bi-lo-sa* et le *pa-bi-lo-sa* (le *Rhamnus utilis* et le *Rhamnus chlorophorus* de M. Decaisne). Ces nerpruns n'existaient pas en Europe; nous en avons reçu des graines par M. Rondot, et déjà on commence à les cultiver dans quelques jardins ; mais il faudra bien des années avant qu'on puisse s'en procurer assez pour une exploitation un peu importante.

Ces deux nerpruns sont très-épineux. Nous avons, en France, le nerprun purgatif (*Rhamnus catharticus*), le nerprun tinctorial (*Rhamnus infectorius*) et le nerprun saxatile (*Rhamnus saxatilis*), qui sont également très-épineux et qui fournissent déjà des matières colorantes : le premier, le vert de vessie ; le deuxième, la graine d'Avignon, et le troisième, la graine de Perse. Outre ces trois variétés de nerpruns, il y en a encore vingt à vingt-cinq, toutes spontanées ou acclimatées en France. Ce sont tous ces nerpruns qu'il convient, je crois, d'essayer, en attendant que ceux de Chine soient assez abondants pour être exploités.

Les renseignements venus de Chine disent : que les écorces de nerprun ne sont bonnes pour la teinture qu'après la chute des feuilles, et que les Chinois ne s'occupent de la préparation du *lo-kao* que pendant l'hiver. Ils disent aussi que les écorces sèches ne sont plus bonnes. Cependant le R. P. Aymeri rapporte que les montagnards de l'arrondissement de Y-tchéou écorcent les branches d'un arbuste sauvage très-commun ; qu'ils font *bien sécher* cette écorce et la vendent aux teinturiers, pour teindre en vert les toiles communes du pays.

Ces données acquises, le problème à résoudre s'est divisé,

pour moi, en deux parties bien distinctes. La première a été la recherche de la matière verte dans les écorces de nos nerpruns indigènes; car, je le répète, il se passera bien des années avant que les nerpruns de Chine aient été assez multipliés pour être exploités. J'ai pris pour guide, dans mes essais, le procédé décrit par le P. Hélot. La seconde partie de la tâche consiste à extraire du bain d'écorces de nerprun ou des toiles vertes teintes avec ces écorces, le *lo-kao* assez abondamment et à un prix assez bas, pour remplir les conditions du programme de la Chambre de commerce. Pour cette partie dont je ne me suis pas encore occupé, je ne crois pas que le procédé Hélot puisse servir. En effet, il laisse sur les toiles presque toute la matière verte, et le peu qu'il en fournit reviendrait à un prix qui ne permettrait jamais d'en généraliser l'emploi. C'est ici que le concours des chimistes qui se sont voués à l'étude des matières colorantes sera bien nécessaire.

Le procédé Hélot exige environ quinze jours d'opérations suivies. Après avoir renoncé à poursuivre mes recherches à la ville, je pensai à les reprendre à la campagne; mais je ne pus le faire qu'au mois de mai. A cette époque, les nerpruns avaient toutes leurs feuilles. Je me décidai alors à attendre l'automne, et je demandai dans le midi de la France qu'on m'envoyât, seulement après la chute des feuilles, des branches des nerpruns que je désirais essayer les premiers : le nerprun tinctorial (*Rhamnus infectorius*) et le nerprun saxatile, qui, avec le nerprun purgatif, me semblaient, à cause de leurs épines, avoir de l'analogie avec ceux de Chine. La chaleur, qui s'est maintenue jusqu'à présent, est probablement cause que je n'ai pas encore reçu ces nerpruns. Cependant, la pensée émise par quelques personnes, que les toiles de Chine étaient teintes à la brosse, pensée qui battait en brèche le procédé du R. P. Hélot, lequel avait à mes yeux tous les caractères de la précision et de l'exactitude, cette pensée, dis-je, me décida à tenter quelques essais avec les nerpruns que j'avais sous la main. C'était l'alaterne, la bourdaine, le nerprun purgatif. Le premier se trouve dans presque tous les jardins ; les deux autres sont très-abondants dans les environs de Lyon.

Je n'entrerai pas dans le détail de mes opérations ; il suffira de savoir que j'ai suivi, aussi exactement que cela était possible, le procédé décrit par le R. P. Hélot. Voici les résultats de mes essais :

L'alaterne (*Rhamnus alaternus*) m'a donné des nuances gris fauve d'autant plus brunes que la densité du bain était plus grande et que les opérations étaient plus multipliées.

La bourdaine (*Rhamnus frangula*) m'a donné les mêmes résultats ; seulement le jaune domine davantage dans ces nuances que dans les précédentes.

Le nerprun purgatif (*Rhamnus catharticus*) donne, le premier jour, une nuance claire d'un vert assez prononcé ; le deuxième, la nuance tourne au gris ; le troisième, au gris violeté, et, à mesure que les opérations se multiplient, le violeté acquiert de l'intensité.

J'ai exécuté mes essais sur des toiles de coton d'environ cinquante centimètres de long sur trente-trois centimètres de large, bien nettoyées de tout apprêt.

J'ai préparé mes bains dans des casseroles de fer émaillées. J'ai essayé une fois, comparativement, une casserole de fer brut et une casserole de fer émaillée. Au premier passage, il me semblait avoir plus de vert ; mais après quelques passages, ce vert n'était plus sensible, et la couleur me semblait plus terne : je n'ai pas continué.

J'ai placé mes toiles souvent sur l'herbe, quelquefois sur la terre, d'autres fois sur des dallages de pierre ou d'asphalte. Ces diverses positions ne m'ont pas donné des différences bien appréciables ; cependant il m'a semblé que l'exposition sur l'herbe, pas trop grande, était la plus favorable. Le soir, je trempais mes toiles environ un quart d'heure dans leur bain ; je les étendais dehors, et le lendemain je les enlevais lorsqu'elles étaient sèches, avec ou sans l'action directe du soleil.

Il m'a semblé que, tant que l'étoffe n'était pas sèche, la coloration faisait des progrès très-lentement. La rosée, la gelée même, si les toiles dégèlent et sèchent dans la journée, semblent être utiles. Le soleil sèche rapidement les toiles; alors l'action cesse. C'est pour cela, je pense, qu'il faut opérer la nuit, pour que la dessiccation soit moins prompte.

Ces teintures exigent, pour bien réussir, un ciel pur, ce qui est assez rare l'hiver, à Lyon. Aussi le procédé chinois aura besoin de grandes modifications pour être approprié aux exigences de l'industrie européenne, qui veut de la suite et de la rapidité dans les opérations.

Il ne faudrait pas attacher trop d'importance aux dernières observations que je viens de noter : elles n'ont pas été suffisamment étudiées. Je suis encore obligé de laisser beaucoup de vague dans les faits qui suivent; ils ont grand besoin d'être l'objet d'une étude nouvelle et plus complète.

Les acides ont peu d'action sur ces couleurs ; les alcalis les portent au fauve en exaltant le jaune. Je n'ai pas encore essayé beaucoup de sels, mais j'ai reconnu qu'une dissolution d'alun faible et bouillante dérougit ces couleurs et les ramène généralement au vert. Cette action est surtout bien remarquable sur les échantillons teints avec le nerprun purgatif : leur nuance gris violet est instantanément ramenée au vert; le rouge, le fauve et même une partie du vert se dissolvent, et, en laissant refroidir l'étoffe dans le bain, la matière verte se fixe de nouveau. Le jaune et le fauve restent en dissolution; après un léger lavage, on a la plus jolie nuance verte que j'aie pu obtenir jusqu'à présent. Quoique ce vert soit encore un peu gris, qu'il n'ait pas la pureté du vert qu'on observe sur les toiles de Chine, il n'en paraît pas moins certain que la ma-

tière colorante est la même que celle de Chine, que le *lo-kao*.
Toutes les réactions que M. Persoz a indiquées, dans son savant
mémoire, ont lieu sur ces toiles comme sur celles de Chine.
C'est donc au moins une partie du *lo-kao* qui est trouvée
dans un de nos nerpruns indigènes.

Les Chinois, pour obtenir le *lo-kao*, donnent, pendant sept
à dix jours, un bain chaque jour avec le *hom–bi-lo-sa*, et ob-
tiennent ainsi le fond, l'intensité de la nuance. Ils donnent
ensuite, pendant trois jours, un bain, chaque jour, avec
le *pa-bi-lo-sa*, qui fournit la beauté, le brillant. On a dit au
P. Hélot que le *lo-kao*, préparé avec le *pa-bi-lo-sa* seul, était
d'une qualité inférieure. Il me semble probable que j'ai trouvé
l'analogue du *pa-bi-lo-sa* dans le nerprun purgatif ; espérons
qu'on trouvera l'analogue du *hom-bi-lo-sa* dans un des nombreux nerpruns qui restent à étudier.

Lorsqu'il fut bien constaté pour moi, qu'avec des teintures par immersion, on pouvait obtenir des étoffes beaucoup plus colorées d'un côté que de l'autre, je dus chercher à me rendre compte de ce phénomène si singulier et si
imprévu.

Je remarquai que mes étoffes sortaient du bain d'écorce à
peine colorées en jaune roux très-faible. Ces étoffes, après
avoir passé la nuit sur le pré, avaient acquis, dès le point du
jour, une coloration très–apparente à la surface supérieure ;
la surface inférieure n'avait pas changé d'une manière sen-
ble. Cette coloration ne pouvait provenir de l'action des rayons
solaires ; car, dès que le soleil frappe l'étoffe, elle sèche et
la coloration ne fait plus de progrès. Je pensai à l'oxy-
gène de l'air qui, en oxydant certaines matières tinctoriales,
en développe la couleur ; mais mes étoffes, placées sur l'herbe,
laissaient circuler suffisamment l'air par-dessous, pour que
l'oxydation pût avoir lieu des deux côtés. Je pensai alors ,
et je crois que la solution de la question est là, je pensai, dis-je,
à la lumière qui colore les plantes, alors même qu'elles ne

reçoivent jamais le soleil directement; tandis que ces mêmes plantes, végétant dans une cave obscure, restent incolores, malgré les éléments de coloration qui existent en elles et qui se développent, dès que la lumière les atteint.

Pour bien établir cette analogie, je passai, dans un bain d'écorce, deux coupons de la même étoffe : j'en plaçai un sur le pré, il se colora d'un côté ; je mis l'autre dans une cave obscure, parfaitement aérée, il resta incolore. Je répétai trois jours de suite cette expérience comparative sur les mêmes coupons d'étoffe : toujours mêmes résultats. Je pensai aussi que l'ozone, agent dont l'action est encore peu connue, pouvait agir à l'air libre et ne pas agir dans une cave. Je préparai deux appareils, composés chacun d'un vase plat contenant de l'eau jusqu'à la hauteur de cinq centimètres ; je plaçai, au milieu de chaque vase, un support sur lequel j'établis mes échantillons de toile, sortant du bain d'écorce. Je couvris l'un de ces appareils d'une cloche de verre blanc, qui permettait à la lumière d'y pénétrer, et l'autre, d'un vase opaque, qui interceptait toute lumière : mêmes résultats que dans les caves. Seulement ici, sous la cloche transparente, la coloration parut marcher un peu plus vite que sur un troisième échantillon placé en plein air ; différence que j'attribuai à l'humidité qui était constante sous la cloche, tandis que la dessiccation était trop rapide à l'air libre. J'avais évité le soleil direct dans la crainte d'une élévation de chaleur sous la cloche de verre blanc.

Dans ces expériences, la quantité d'air, qui était d'environ trois litres, était la même sous les deux cloches ; cet air était de même nature, et il ne pouvait se renouveler qu'une fois par jour, lorsque je retrempais mes échantillons dans leur bain. Il est donc bien évident que, si la lumière n'est pas le seul agent qui développe la coloration, elle est au moins indispensable pour que cette coloration ait lieu.

Je crois pouvoir conclure de ces faits qu'il existe dans les

13

bains d'écorce de nerprun les éléments, à l'état invisible, d'une matière colorante, qui ne se développe, jusqu'à présent, que par l'action de la lumière. Il est à souhaiter maintenant qu'on puisse trouver un agent qui développe cette matière colorante, dans les bains d'écorce; ce qui en rendrait l'emploi plus facile, et permettrait peut-être de l'isoler des autres matières qui la salissent et de l'appliquer à la teinture des soies. Ce serait bien alors le *Lo-kao* français.

Les *Rhamnus* non épineux ne contiennent pas, du moins en quantité appréciable, la matière qui se colore en vert sous l'influence de la lumière, tandis qu'elle existe dans les *Rhamnus* épineux.

Ce fait paraît caractériser chacune de ces divisions; mais, dans l'une comme dans l'autre, chaque espèce de nerprun donne une couleur différente. Ce résultat s'est produit très-nettement avec six espèces, dont trois étaient épineuses et trois non épineuses; cela rend nécessaire l'essai de toutes les espèces de *Rhamnus*.

On voit que l'on obtient des teintures intéressantes en dehors du *Lo-kao*, et les rév. pères Hélot et Aymeri nous apprennent que les Chinois pratiquent aussi ces teintures, sans s'occuper du *Lo-kao*. Ne produisent-ils ainsi que des couleurs vertes? Nous l'ignorons.

Ne peut-on pas espérer que d'autres arbustes que les nerpruns contiennent des matières colorantes analogues? Il me semble que c'est une large voie ouverte à l'expérimentation des chimistes et des teinturiers.

Dans tous les cas, même avec les nerpruns seuls, ces teintures nouvelles seront, suivant toute apparence, solides, peu coûteuses, et les fabriques de tissus de coton pourront en tirer bon parti.

On pourra aussi opérer par ce moyen, une espèce d'impression sur étoffe, en appliquant sur les toiles des dessins qui intercepteront la lumière sur les parties qui devront rester incolores. C'est ainsi qu'en appliquant, sur mes toiles, des plaques de cuivre, dans lesquelles des lettres et des ornements étaient découpés, j'ai obtenu ces lettres et ces ornements très-nettement dessinés ; ils sont colorés sur fond presque blanc ; il serait aussi facile de les faire blancs sur fond coloré. Cette expérience prouve, une fois de plus, l'action de la lumière.

J'aurais voulu préparer des échantillons pour les joindre à cette note ; mais le temps me manque pour en teindre une quantité suffisante. Il faudrait pour cela organiser un procédé en grand qui pourrait présenter quelques difficultés, et mon intention n'est pas d'entreprendre ces expériences nouvelles. Je laisse cette tâche à ceux dont l'occupation habituelle est la teinture des tissus ; ils surmonteront beaucoup plus facilement que moi les obstacles imprévus. Je me bornerai à choisir quelques petits spécimens[1] dans les échantillons

1. Voici la liste de ces échantillons :
   1. Calicot plongé dans un bain d'écorce de *Rhamnus alaternus*.
     a. Étendu dans une cave obscure ;
     b. Étendu sur le pré ;
     c. Étendu sur le pré, et passé dans une eau d'alun.
   2. Calicot plongé dans un bain d'écorce de *Rhamnus frangula*.
     a. Étendu sur le pré;
     b Étendu sur le pré, et passé à l'alun.
   3. Calicot plongé dans un bain d'écorce de *Rhamnus catharticus*.
     a. Placé sous une cloche de verre opaque ;
     b. Placé sous une cloche de verre transparente ;
     c. Placé sous une cloche de verre transparente, et passé à l'alun.
   4. Calicot plongé dans un bain d'écorce de *Rhamnus catharticus*, étendu sur le pré, et passé à l'alun. Une plaque de cuivre, avec la lettre P découpée, a été placée sur cet échantillon, quand on l'a étendu sur le pré ; la partie recouverte par la plaque ne s'est pas colorée.
   5. Calicot plongé dans un bain d'écorce de *Rhamnus hybridus*.
     a. Étendu sur le pré ;
     b. Étendu sur le pré, et passé à l'alun.
   6. Calicot plongé dans un bain d'écorce de *Rhamnus alpinus*.
     a. Étendu sur le pré, et lavé.
     b. Étendu sur le pré, lavé et passé à l'alun.
   7. Six échantillons des premiers essais.

produits par mes essais. J'en déposerai, comme on me l'a demandé, à la Chambre de commerce de Lyon, au Conservatoire des arts et métiers et entre les mains de M. Persoz. Ils pourront être ainsi librement examinés par les personnes qui prendront intérêt à ces faits curieux. Sans doute, ce ne sont pas des teintures parfaites, mais elles suffiront aux praticiens instruits, et j'ai le ferme espoir que le succès couronnera les recherches qu'ils feront dans cette direction nouvelle.

Là se borne mon travail, mais il reste beaucoup à faire.

Scientifiquement :

Expliquer, d'une manière plus exacte, l'action de la lumière dans son ensemble et celle de chaque rayon du spectre solaire en particulier, sur ce corps encore inconnu, qui existe dans les bains d'écorce de nerprun ; l'isoler, le soumettre à l'analyse, le préparer pour la teinture ; et chercher si ce corps n'est pas le même qui produit la coloration dans tous les végétaux.

Pratiquement :

Vérifier mes résultats ; continuer mes essais sur les nerpruns ; chercher si, dans d'autres familles végétales, un corps semblable ou analogue n'existe pas ; organiser un procédé sûr, facile à exécuter en grand, pour tirer parti de ces nouvelles teintures dans l'industrie.

Décembre 1857.

NOTE

SUR LA TEINTURE EN JAUNE

AVEC

LE HOANG-TCHI

PAR

M. J. PERSOZ

NOTE

SUR LA TEINTURE EN JAUNE

AVEC

LE HOANG-TCHI.

Le *hoang-tchi* est une matière tinctoriale, qui n'a pas encore été employée en Europe ; on appelle ainsi, en Chine, dans le commerce, les fruits de trois espèces de *Gardenia*.

J'ai donné, p. 86 à 94, une notice du *hoang-tchi*, et j'ai dit que la teinture jaune que l'on en tire est renommée par son éclat et sa solidité. M. Persoz a étudié, de son côté, la matière colorante de ces fruits, et lui a reconnu des propriétés très-remarquables.

Dès que la Chambre de commerce de Lyon a été informée de ces faits (septembre 1857), elle a voté l'achat d'une certaine quantité de ces fruits, afin de mettre de suite les teinturiers et les imprimeurs lyonnais à même de juger, par leurs propres essais, de l'utilité de cette nouvelle substance.

Je me suis adressé à M. le docteur Th. Martius, d'Erlangen, qui a consenti à céder à la Chambre 22 kilog. 1/2 de *hoang-tchi*, au prix de 52 fr. 80 cent., soit 2 fr. 35 cent. le kilog. Depuis lors, en janvier 1858, j'ai reçu de MM. Rémi, Schmidt et Cie, de Chang-haï, un échantillon de 2 kil. 1/2.

Le *hoang-tchi*, provenant du Dr Martius, appartient au *tchi-tse*, c'est-à-dire à l'espèce qui porte des fruits allongés ; les fruits de *chan-tchi*, que MM. Rémi, Schmidt et Cie m'ont envoyés, sont ovoïdes, moins gros et plus estimés pour la teinture que les précédents.

La Chambre de commerce a pensé que ces échantillons auraient encore plus de prix, si l'on connaissait les résultats des recherches de M. Persoz sur ces fruits. Le savant professeur au Conservatoire des arts et métiers s'est empressé de les communiquer, et on les trouvera consignés dans la note qui suit.

N. RONDOT.

Janvier 1858.

NOTE DE M. J. PERSOZ.

Les expériences que j'ai entreprises sur la matière colorante des trois fruits, du même genre, que les Chinois appellent *hoang-tchi*, et que je dois à l'obligeance de M. Tastet, ne sont point encore achevées ; les dosages sont longs, à cause d'une matière grasse visqueuse qui s'y trouve.

Voici en deux mots le procédé d'extraction : On épuise les graines et les capsules par le sulfide carbonique (sulfure de carbone), qui enlève la totalité du corps gras, sans se charger d'une quantité sensible de matière colorante. Le corps gras une fois parfaitement enlevé, on fait agir l'esprit de bois rectifié qui dissout très-bien la matière colorante ; mais, comme celle-ci est logée dans les cellules, il faut des traitements réitérés pour l'enlever en totalité. On soumet à la distillation la solution alcoolique, et il reste pour résidu, dans la cornue, une substance jaune rougeâtre, d'apparence cristalline, qui est soluble dans l'eau, et qui colore celle-ci, comme le ferait l'acide picrique.

Cette matière colorante qui se comporte à la manière des acides faibles, puisqu'elle s'unit aux divers oxydes, notamment aux oxydes aluminique, ferrique et stannique, avec lesquels elle forme des laques, présente cette particularité qu'elle donne directement sur la soie, et sans le concours d'aucun auxiliaire, un jaune pur, brillant à la lumière artificielle, et inaltérable par les alcalis et les acides, excepté l'acide nitrique qui le détruit.

Son mode de fixation sur la soie est des plus faciles : il suffit de faire avec l'eau pure une décoction des fruits écrasés, et mieux encore de la graine seulement, lorsqu'on veut avoir des nuances plus pures[1]. Quand on fait usage d'eau ordinaire, il faut ajouter au bain 2 grammes d'alun et 1 gramme d'acide oxalique, par litre d'eau. Le bain ainsi monté, on y plonge la soie à la température de 40 à 50°, et elle s'y teint très-promptement.

Pour teindre la laine, il faut faire intervenir dans le bain une assez forte proportion de composition d'étain, ou bien aluner préalablement la fibre.

Quant à la teinture du coton, elle se fait toujours très-bien, si l'on a mordancé, à l'avance, cette fibre par les acétates d'alumine ou de fer.

J. Persoz.

1. En teignant avec les capsules, on obtient un jaune un peu fauve.

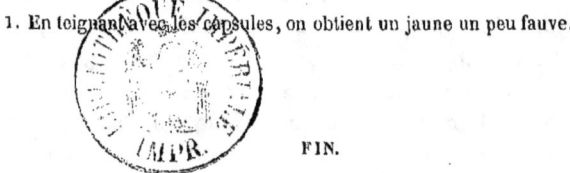

FIN.

ERRATA.

Page 13, *note* 2.—É-mouÿ ou Hia-men est dans le département de Thsiouen-tchéou-fou, et non pas dans celui de Tchang-tchéou-fou.

Page 41. — Le R. P. Perny, missionnaire dans le Koeï-tcheou, en Chine, m'apprend que la prononciation correcte en kouan-hoa est *lou-kao*, que les arbustes dont on extrait le *lou-kao* croissent dans la province de Koeï-tcheou, et que cette matière y coûte moins cher que dans le Tché-kiang et le Kiang-sou.

Page 56, *ligne* 2. — M. Stanislas Julien m'informe que, suivant Mgr Dela-place, vicaire apostolique du Tché-kiang, le nom correct d'A-zé est Hia-chi (Basile, n°s 5745 et 6824, et quelquefois n°s 6869 et 6824).

Page 58. — Il faut ajouter le *Rhamnus parvifolius* de Bunge, qui croît aux environs de Pé-king.

Page 119, *note* 5. — J'ai établi, dans une note, pages 119 et 120 :

1° Que l'on ne connaît pas encore exactement la capacité du *ching* ;

2° Que les données et les calculs les plus positifs lui assignent une conte-nance de 1 litre 04 ou de 0 lit. 52;

3° Que la dernière mesure (0 lit. 52) me paraît le plus probable.

Je n'avais pas pris garde, alors, à la fréquence de l'emploi dans le commerce du demi-*ching*, et cet emploi peut expliquer la confusion qui s'est produite. La question se réduit aujourd'hui à savoir si la mesure de 1 lit. 04 est un *ching* ou un double *ching*, et si celle de 0 lit. 52 est un demi-*ching* ou un *ching*. Je ne trouve aucun exemple de l'usage du double *ching*, tandis que le demi-*ching* a été reconnu comme mesure légale par le Gouvernement de Hong-kong. (Or-donnance du 30 décembre 1844.) Jusqu'à plus ample informé, il faut donc regarder le *ching* comme égal à 1 litre 04.

Page 120, *note* 1, *ligne* 2. — Lisez 37 gr. 795, au lieu de 372 gr. 795.

Page 121. *Addition, ligne* 4. — Lisez M. Fortune, au lieu de M. Fortuné.

N. R.

TABLE DES MATIÈRES.

ÉTUDE

DES PROPRIÉTÉS CHIMIQUES ET TINCTORIALES DU VERT DE CHINE,

PAR M. J. PERSOZ.

RECHERCHES

SUR LA MATIÈRE COLORANTE DES NERPRUNS INDIGÈNES,

PAR M. A.-F. MICHEL.

NOTE

SUR LA TEINTURE EN JAUNE AVEC LE HOANG-TCHI.

PAR M. J. PERSOZ.

FIN DE LA TABLE.

AVIS AU RELIEUR.

Ch. Lahure et Cie, imprimeurs du Sénat et de la Cour de Cassation,
rue de Vaugirard, 9, près de l'Odéon.

TYPOGRAPHIE DE CH. LAHURE ET Cᵉ
IMPRIMEURS DU SÉNAT ET DE LA COUR DE CASSATION
RUE DE VAUGIRARD, 9

www.ingramcontent.com/pod-product-compliance
Lightning Source LLC
Chambersburg PA
CBHW071529220526
45469CB00003B/705